COLLECTION

DE

PONTON D'AMÉCOURT

PRIX : 20 FRANCS

Collection de M. le Vicomte de Ponton d'Amécourt.

MONNAIES D'OR
ROMAINES ET BYZANTINES

Commissaire-Priseur
Mᵉ MAURICE DELESTRE
27, Rue Drouot, 27

Experts
MM. ROLLIN & FEUARDENT
4, Rue de Louvois, 4

EXPOSITION PARTICULIÈRE
4, RUE DE LOUVOIS
Du lundi 18 au samedi 23 avril, de deux à cinq heures.

EXPOSITION PUBLIQUE
A L'HOTEL DES COMMISSAIRES-PRISEURS, SALLE N° 3
Le dimanche 24 avril, de deux à cinq heures.

VENTE
Les 25, 26, 27, 28, 29 et 30 avril, à deux heures précises.

A L'HOTEL DES COMMISSAIRES-PRISEURS
9, RUE DROUOT, SALLE N° 3
Au premier.

PARIS
ROLLIN & FEUARDENT
4, RUE DE LOUVOIS, 4

1887

CONDITIONS DE LA VENTE

La vente sera faite au comptant.

Les acquéreurs payeront cinq pour cent en sus des enchères, applicables aux frais.

MM. Rollin et Feuardent se chargent de remplir les commissions des personnes qui ne pourraient assister à la vente, moyennant cinq pour cent.

La collection d'Amécourt est célèbre entre toutes, aucune collection particulière ne peut lui être comparée, et seuls les grands musées nationaux peuvent rivaliser avec elle, encore sommes-nous persuadés que cette comparaison serait généralement à son avantage; formée dans un goût plus moderne, elle les surpasserait par l'état de conservation et le style. On se rappelle l'admiration qu'elle excita à l'Exposition de 1878; depuis cette époque, elle s'est beaucoup augmentée, et présente actuellement un ensemble vraiment imposant : près de mille monnaies d'or romaines, généralement à fleur de coin, parmi lesquelles se trouvent les plus grandes raretés, nombre de pièces inédites, plusieurs complètement uniques, de superbes médaillons d'or, etc.

Toutes ces belles médailles vont passer aux enchères publiques, ce sera la vente la plus importante du siècle; une semblable réunion ne se retrouvera probablement jamais.

En présence d'une réputation aussi solidement établie nous nous dispenserons d'en faire l'éloge et nous ne citerons ici que quelques raretés de premier ordre :

Brutus, n°s 25-26. — Ahenobarbus, n° 33. — Interrègne, n°s 112-113. — Domitille, n° 150. — Julia Titi, n° 172. — Trajan père,

n° 220 *(le plus bel exemplaire connu)*. — *Manlia Scantilla, n° 372.
— Didia Clara, n° 373. — Pescennius Niger, n° 374. — Albin,
n°ˢ 375-376. — Plautille, n°ˢ 435-436-437. — Geta, n° 441. —
Macrin, n°ˢ 442 à 445. — Diaduménien, n° 446. — Sœmias, n° 461.
— Maesa, n° 462. — Uranius Antonin, n° 472. — Maximin Iᵉʳ,
n° 473. — Gordien d'Afrique, n° 474 (unique). — Valérien père,
n° 509. — Gallien, n° 522. — Salonin, n° 530. — Postume,
n°ˢ 534 à 545. — Laelien, n°ˢ 546-547 (ce dernier unique). — Victorin,
n°ˢ 548 à 552. — Claude II, n°ˢ 555-556. — Quintille, n° 557 (unique).
— Aurélien, n° 558. — Nigrinien, n° 594. — Carausius, n° 630.
— Allectus, n° 631. — Hélène, n° 636 (médaillon unique). —
Alexandre tyran, n°ˢ 651-652 (les deux seules monnaies d'or connues).
— Constantin, n°ˢ 663, 668. — Constantin, Crispe et Constance
II, n° 698. — Fauste, n°ˢ 699-700. — Crispus, n° 702. — Hanni-
ballien, AR. n° 706. — Constantin II, n° 710. — Constance II,
n°ˢ 723-724-727-728. — Vétranio, n° 739. — Valens, n°ˢ 757, 758.
— Procope, n° 764. — Ariadne, n° 861. — Michel, Théodora
et Thécla, n° 956. — Alexandre, n° 960. Etc., etc.*

*Toutes les pièces ont été reproduites par un procédé photographique;
ces reproductions forment un magnifique album de trente-sept
planches. Malgré le soin apporté, ces photogravures, qui ne peuvent
être faites que sur des plâtres, ne donnent qu'une faible idée des
originaux, et pour la beauté des médailles, il faut se reporter au
catalogue; nous pouvons assurer aux amateurs que les expressions
B. TB. et F. D. C., dont nous nous sommes servis pour désigner les
conservations, sont toujours justifiées, et que l'expression F. D. C.
n'a été donnée qu'à des pièces d'une beauté vraiment idéale.*

R. et F.

CATALOGUE

DE

MONNAIES ROMAINES

MONNAIES DE LA RÉPUBLIQUE

ROMANO-CAMPANIENNES

1. Tête laurée et imberbe de Janus.

℟ ROMA. Personnage à genoux entre deux guerriers et tenant un petit cochon dans ses bras. Les deux guerriers, dont l'un est barbu, vêtu de la chlamyde grecque et armé d'une longue lance.. et l'autre, imberbe, portant le costume romain et armé d'une haste courte, prêtent serment sur la tête de l'animal.

Poids, 3 gr. 50. (N° 28.[1]) T.B. OR.

2. Même tête; dessous, XXX.

℟ Même revers (trente sesterces). Poids, 4 gr. 50. F. D. C. OR.

3. Tête casquée de Mars barbu, à droite; derrière, LX.

℟ ROMA. Aigle les ailes éployées debout à droite sur un foudre (soixante sesterces). (N° 29.) T.B. OR.

4. Tête casquée de Mars barbu, à droite; derrière, XXXX.

---

1. Les numéros cités sont ceux de l'ouvrage de Babelon, *Monnaies de la République romaine*, 2 volumes in-8°, Paris, Rollin et Feuardent, 1885-86.

℞ Même revers (quarante sesterces). (N° 30.) F. D. C. OR.

5. Même tête; derrière, XX.

℞ Même revers (vingt sesterces). (N° 31.) T.B. OR.

MONNAIES CONSULAIRES

AVEC NOMS DE FAMILLE

ARRIA

6. M. ARRIVS SECVNDVS. Buste diadémé de la Fortune à droite; au-dessus, F.P.R.

℞. Haste entre une couronne et une phalère. (N° 1.) T.B. OR.

CESTIA

7. Buste de l'Afrique à droite, coiffée d'une peau d'éléphant.

℞ L. CESTIVS en haut; C. NORBA. à l'exergue; dans le champ à droite, PR et à gauche, SC. Chaise curule sur laquelle est posé un casque; sur les bâtons de la chaise, on voit deux colombes. (N° 1.) OR. T. B.

CLAUDIA

8. C. CLODIVS C.F. Tête de Flore couronnée de fleurs à droite; derrière, une fleur de lis.

℞ VESTALIS. La Vestale Claudia Quinta assise à gauche, tenant un simpulum. (N° 12.) T.B. OR.

9. Tête radiée du soleil à droite; derrière, 1.

℞ P. CLODIVS M.F. Croissant lunaire entouré de cinq étoiles. (N° 16.) T.B. OR.

CORNELIA

10. L. SVLLA. Tête diadémée de Vénus à droite; devant, Cupidon debout tenant une longue palme.

℞ IMPER. ITERVM. Præfericulum et lituus entre deux trophées. (N° 28.) T.B. OR.

LIVINEIA

11. REGVLVS PR. Tête nue du préteur L. Livineius Regulus à droite.

℞ L. LIVINEIVS REGVLVS. Chaise curule entre six faisceaux. (N° 9 var. la légende de l'avers commençant de bas en haut.) T.B. OR.

MANLIA

12. L. MANLI. PROQ. Tête de la déesse Rome à droite, coiffée d'un casque ailé.

℞ L. SVLLA IM. Sylla dans un quadrige au pas à droite, tenant un sceptre et couronné par la Victoire. Poids, 10 gr. 70 c. (N° 3.) F.D.C. OR.

MUSSIDIA

13. Tête de Cérès couronnée d'épis à droite.

℞ L. MVSSIDIVS LONGVS. en deux lignes dans une couronne d'épis. (N° 1.) T.B. OR.

NORBANA

14. C. NORBANVS. L. CESTIVS PR. Buste de Vénus à droite, la tête ceinte d'un bandeau.

℞ S.C. Cybèle assise sur un char traîné par deux lions et marchant à gauche. (N° 5.) T.B. OR.

VIBIA

15. Buste casqué de Pallas à gauche, tenant une haste et un bouclier.

℞ C. VIBIVS VARVS. Némésis ailée, debout à droite, regardant son sein et écartant de la main droite la draperie qui le recouvre. (N° 25.) B. OR.

16. Tête laurée de Vénus à droite.

℞ C. VIBIVS VARVS Vénus à demi nue, vue de dos, debout près d'une colonne et se regardant dans un miroir qu'elle tient à la main. (N° 27.) T.B. OR.

MONNAIES IMPÉRIALES

JULES CÉSAR

(694-710; av. J.-C., 60-44).

17. C. CAESAR. COS. TER. Tête voilée de la Piété jeune à droite.

℞ A. HIRTIVS PR. Bâton d'augure, vase à sacrifice et hache (708; av. J.-C., 46.) (N° 2[1].) T.B. OR.

18. Même légende. Tête voilée de la Piété vieille et se rapprochant de celle de Jules César.

℞. Même revers. (N° 3.) T.B. OR.

19. C. CAES. DIC. TER. Buste ailé de la Victoire à droite.
℞ L. PLANC. PRAEF. VRB. Vase à sacrifice. (708; av. J.-C., 46.) (N° 31.) T.B. OR.

20. La même médaille. (N° 32.) T.B. OR.Q.

21. CAES. DIC. QVAR. Buste diadémé de Vénus à droite.
℞ COS. QVINC dans une couronne de laurier. (710; av. J.-C., 44.) (N° 20.) T.B. OR.

22. IMP. DIVI IVLI. F. TER. III. VIR. R.P.C. Tête jeune laurée et divinisée de Jules César à droite; en haut une étoile. (La légende se rapporte à Octave.)

---

[1]. Les numéros cités sont ceux de l'ouvrage de Cohen, *Monnaies impériales*, 2° édition, tomes I à VI.

℞ M. AGRIPPA COS. DESIG en deux lignes dans le champ. (716; av. J.-C., 38.) (N° 33.) T.B. OR.

23. C. IVLIVS CAES. IMP. COS. III. Tête nue de Jules César à droite.

℞ IMP. CAES. TRAIAN. AVG. GER. DAC. P. P. REST. Vénus debout à droite, appuyée contre une colonne, tenant un casque et une haste transversale; à ses pieds, un bouclier. (N° 54.) Médaille restituée par Trajan. T.B. OR.

JULES CÉSAR ET OCTAVE

24. C. CAESAR. DICT. PERP. PONT. MAX. Tête laurée de Jules César à droite.

℞ C. CAESAR. COS. PONT. AVG. Tête nue d'Octave à droite. (710; av. J.-C., 44.) (N° 2.) T.B. OR.

BRUTUS (MARCUS JUNIUS)

(710-712; av. J.-C., 44-42.)

25. BRVTVS IMP. Sa tête nue à droite; le tout dans une couronne.

℞ CASCA LONGVS. Trophée entre deux proues de vaisseau et des armes. (N° 14.) Magnifique pièce. F.D.C. OR.

26. M. BRVTVS IMP. COSTA. LEG. Sa tête nue à droite; le tout dans une couronne de chêne.

℞ L. BRVTVS PRIM. COS. Tête nue de Brutus l'Ancien à droite; le tout dans une couronne de chêne. (N° 16.) Magnifique pièce. F.D.C. OR.

27. M. SERVILIVS LEG. Tête laurée de la Liberté à droite.

℞ Q. CAEPIO BRVTVS IMP. Trophée avec un bouclier et deux javelots. (N° 9.) T.B. OR.

28. ΚΟΣΩΝ. Brutus marchant à gauche, entre deux licteurs.

℞ Aigle éployé à gauche sur un sceptre, tenant une couronne dans ses serres. (Frappée à Cossea de Thrace.) T.B. OR.

CASSIUS (LONGINUS)

(710-712; av. J.-C., 44-42.)

29. M. AQVINVS LEG. LIBERTAS. Tête diadémée de la Liberté à droite.

℞ C. CASSI. IMP. Trépied avec la cortine et deux branches de laurier. (N° 1.) T.B. OR.

30. C. CASSI IMP LEIBERTAS. Tête diadémée de la Liberté à droite.

℞ LENTVLVS SPINT. Vase à sacrifice et bâton d'augure. (N 3.) F.D.C. OR.

31. Même légende. Buste diadémé et voilé de la Liberté à droite.

℞ Même revers. (N° 5.) T.B. OR.

32. C. CASSI. IMP. Tête laurée de la Liberté à droite.

℞ M. SERVILIVS LEG. Acrostolium. (N° 8.) T.B. OR.

DOMITIUS AHENOBARBUS

(714; av. J.-C., 40.)

33. AHENOBAR. Tête nue de Domitius Ahenobarbus à droite.

℞ CN. DOMITIVS L.F. IMP. Temple à quatre colonnes vu de trois quarts. En haut, NEPT. (714; av. J.-C., 40.) (N° 1.) T.B. OR.

SEXTE POMPÉE, POMPÉE ET CN. POMPÉE FILS

(710-719; av. J.-C., 44-35.)

34. MAG. PIVS IMP. ITER. Tête nue de Sexte Pompée à droite; le tout dans une couronne de chêne.

℞ PRAEF. CLAS. ET ORAE MARIT. EX S.C. Têtes nues du grand Pompée et de Cnéus en regard; à gauche, le bâton d'augure; à droite, un trépied. (716-719; av. J.-C., 38-35.) (N° 1.) T.B. OR.

LÉPIDE
(711-718; av. J.-C., 43-36.)

35. M. LEPIDVS III. VIR. R.P.C. Sa tête nue à gauche.
℞ L. MVSSIDIVS LONGVS. Corne d'abondance. (711; av. J.-C., 43.) (N° 1.) T.B. OR.

36. Même légende. Sa tête nue à droite.
℞ L. REGVLVS IIII. VIR. A.P.F. Vestale debout à gauche, tenant le simpule et une haste transversale. (711; av. J.-C., 43.) (N° 3.) B. OR.

MARC ANTOINE
(711-723; av. J.-C., 43-31.)

37. M. ANTONIVS III. VIR. R.P.C. Sa tête nue à droite.
℞ L. MVSSIDIVS LONGVS. Corne d'abondance. (711; av. J.-C., 43.) (N° 20.) T.B. OR.

38. M. ANTONIVS III. VIR. R.P.C. Sa tête nue à droite.
℞ L. REGVLVS IIII. VIR. R.P.C. Antéon à moitié couvert d'une peau de lion, assis de face, tenant une haste et appuyé sur un bouclier. (711; av. J.-C., 43.) (N° 25.) T.B. OR.

39. ANT. AVG. IMP. III. VIR. R.P.C. Sa tête nue à droite.
℞ PIETAS COS. (écrit circulairement à l'exergue). La Piété debout à gauche, tenant un gouvernail et une corne d'abondance; à ses pieds, une cigogne. (713; av. J.-C., 41.) (N° 76.) T.B. OR.

40. M. ANTONIVS IMP. III. VIR. R.P.C. Sa tête nue à droite; derrière, le bâton d'augure.
℞ PIETAS COS (écrit dans le champ). La Piété debout à gauche, tenant un autel allumé et une corne d'abondance sur laquelle sont deux cigognes. (713; av. J.-C., 41.) (N° 78.) T.B. OR.

41. ANT. IMP. III. VIR. R.P.C. Même tête.
℞ CN. DOMIT. AHENOBARBVS IMP. Proue de vaisseau; au-dessus, un astre. (714; av. J.-C., 40.) (N° 9.) T.B. OR.

42. M. ANTONIVS III. VIR. R.P.C. Sa tête nue, barbue, à droite.

℞ C. VEIBIVS. VAARVS. Deux mains jointes. (716 ; av. J.-C., 38.) (Page XXVIII n° 2.) T.B. OR.

MARC ANTOINE ET OCTAVE

43. M. ANTONIVS IMP. III. VIR. R.P.C. AVG. Sa tête nue, barbue, à droite.

℞ C. CAESAR IMP. III. VIR. R.P.C. PONT. AVG. Tête nue, barbue, d'Octave à droite. (711 ; av. J.-C., 43.) (N° 3.) T.B. OR.

44. ANTONIVS IMP. Sa tête nue à droite.

℞ CAESAR IMP. Tête nue, barbue, d'Octave à droite. (Même année.) (N° 5.) T.B. OR.

FULVIE

(710-714; av. J.-C., 44-40.)

45. Tête ailée de la Victoire à droite, sous les traits de Fulvie.
℞ C. NVMONIVS VAALA. Soldat attaquant un retranchement défendu par deux autres soldats. (N° 2.) T B. OR.

OCTAVE AUGUSTE

(III VIR. 710-725 ; av. J.-C., 44-29.)

46. C. CAESAR. III. VIR. R.P.C. Tête nue d'Octave à droite.

℞ L. REGVLVS IIII. VIR. A.P.F. (en légende circulaire). Énée marchant à droite et emportant Anchise dans ses bras. (711 ; av. J.-C., 43.) (N° 44 var.) T.B. OR.

47. DIVI IVLI F. Tête nue, barbue, d'Octave à droite.

℞ Q. VOCONIVS VITVLVS. Veau marchant à gauche. (711 ; av. J.-C., 43.) (N° 546.) T.B. OR.

48. CAESAR III. VIR. R.P.C. Sa tête nue à droite.

℞ S.C. Statue équestre d'Octave à gauche, tenant le bâton

d'augure; à l'exergue, une proue de vaisseau. (711-718; av. J.-C., 43-36.) (N° 245.) T.B. OR.

49. C. CAESAR III. VIR. R.P.C. Tête nue d'Octave à droite.

℞ L. MVSSIDIVS LONGVS. Corne d'abondance. (Vers 715 av. J.-C., 39.) (N° 467.) T.B. OR.

50. Même tête et même légende.

℞ L. MVSSIDIVS T.F. LONGVS. IIII. VIR. A.P.F. Mars casqué debout à droite, nu, le pied sur un casque? (bouclier?) tenant une haste et un parazonium. (Vers 715; av. J.-C., 39). (N° 468.) T.B. OR.

51. Buste de Diane à droite, avec arc et carquois.

℞ IMP. CAESAR. Sur la frise d'un temple, dans l'intérieur duquel on voit un trophée; sur le fronton, la triquètre. (719-726; av. J.-C., 35-28.) (N° 121.) T.B. OR.

OCTAVE EMPEREUR

(725-727; av. J.-C., 29-27.)

52. Sans légende. Tête nue d'Octave à droite.

℞ CAESAR DIVI F. Octave courant à cheval à gauche et levant la main droite. (719-726; av. J.-C., 35-28.) (N° 73.) T.B. OR.

53. Même tête.

℞ IMP. CAESAR. Victoire de face, debout sur un globe, tenant une couronne et un étendard. (719-726; av. J.-C., 35-28.) (N° 113.) T.B. OR.

OCTAVE EMPEREUR ET AUGUSTE

(727; 27 av. J.-C. à 767; de J.-C., 14.)

54. CAESAR COS. VII. CIVIBVS SERVATEIS. Tête nue d'Auguste à droite.

℞ AVGVSTVS. Aigle éployé de face, regardant à gauche, sur une couronne, entre deux branches de laurier; dans le champ, S.C. (727; av. J.-C., 29.) (N° 30.) T.B. OR.

55. AVGVSTVS. Sa tête nue à droite.

℞ ARMENIA CAPTA. Victoire debout à droite, domptant un taureau. (734; av. J.-C., 20.) (N° 8.) T.B. OR.

56. Même tête et même légende.

℞ SIGNIS RECEPTIS. Capricorne à droite. (734; av. J.-C., 20.) (N° 263.) T.B. OR.

57. CAESARI AVGVSTO. Sa tête laurée à droite.

℞ S.P.Q.R. (dans le champ). Quadrige au pas à droite, sur lequel on voit une aigle romaine et un petit quadrige. (Même année.) (N° 275.) (Ined. Or.) T.B. OR.

58. Sans légende. Tête d'Auguste à droite, couronnée de chêne.

℞ FORT. RED. CAES. AVG. S.P.Q.R. sur un autel. (735; av. J.-C., 19.) (N° 103.) T.B. OR.

59. S.P.Q.R. CAESARI AVGVSTO. Sa tête nue à droite.

℞ VOT. P. SVSC. PRO. SAL. ET RED. I.O.M. SACR. Mars debout, regardant à gauche, nu, un manteau sur le bras, tenant un étendard et un parazonium. (738; av. J.-C., 16.) (N° 324.) T.B. OR.

60. AVGVSTVS DIVI. F. Sa tête nue à droite.

℞ IMP. X. Deux soldats présentent chacun une branche d'olivier à Auguste, assis à gauche sur une estrade. (742; av. J.-C., 12.) (N° 132.) T.B. OR.

61. Même tête et même légende.

℞ IMP. X. Taureau cornupète à droite. (Même année.) (N° 136.) T.B. OR.

62. Même tête et même légende.

℞ IMP. X. Taureau cornupète à gauche. (Même année.) (N° 140.) T.B. OR.

63. Même tête et même légende.

℞ IMP. X. ACT. Apollon Actien, en habit de femme, debout à gauche, tenant une lyre et le plectrum. (Même année.) (N° 143.) T.B. OR.

64. Même légende. Sa tête laurée à droite.

℞ IMP. XII. Taureau cornupète à droite. (744; av. J.-C., 10.) (N° 154.) T.B. OR.

65. Même tête et même légende.

℞ IMP. XII. ACT. Apollon Actien debout à droite. (Même année.) (N° 162.) T.B. OR.

66. Même tête et même légende.

℞ IMP. XII SICIL. Diane chasseresse debout de face regardant à droite, tenant une haste et un arc; près d'elle, un chien. (Même année.) (N° 169.) T.B. OR.

67. Même tête et même légende.

℞ IMP. XIIII. Parthe? ou Germain? debout, présentant un enfant à Auguste, assis à gauche sur une estrade. (745; av. J.-C., 8.) (N° 174.) T.B. OR.

68. Même tête et même légende.

℞ C. CAES. AVGVS. F. Caïus César à cheval galopant à droite; derrière, deux enseignes militaires et une aigle légionnaire. (Vers 752; av. J.-C., 2.) (N° 39.) T.B. OR.

69. CAESAR AVGVSTVS DIVI. F. PATER PATRIAE. Sa tête laurée à droite.

℞ C. L. CAESARES AVGVSTI F. COS. DESIG. PRINC. IVVENT. Caïus et Lucius debout, tenant chacun une haste et un bouclier; dans le champ, le simpule et le bâton d'augure. (Vers 752; av. J.-C., 2.) (N° 42.) T.B. OR.

70. AVGVSTVS DIVI. F. Sa tête laurée à droite.

℞ TR. POT. XXX. Victoire assise sur un globe, à droite, tenant une couronne. (760; de J.-C., 7.) (N° 317.) T.B. OR. Q.

71. CAESAR AVGVSTVS DIVI F. PATER PATRIAE. Sa tête laurée à droite.

℞ TI. CAESAR. AVG. F. TR. POT. XV. Tibère dans un quadrige, à droite, tenant une branche de laurier et un sceptre surmonté d'un aigle. (766; de J.-C., 13.) (N° 299.) T.B. OR.

Monnaies sans dates certaines.

72. Sans légende. Tête nue d'Auguste à droite.

℞ AVGVSTVS. Capricorne à droite, tenant un gouvernail

auquel est attaché un globe ; sur son dos, une corne d'abondance. (N° 20.) T.B. OR.

73. Sans légende. Tête laurée d'Auguste à droite.

℞ CAESAR AVGVSTVS S. P. Q. R. Deux branches de laurier, au milieu, un bouclier sur lequel se lit : CL. V. (N° 50.) T.B. OR.

74. CAESAR. Tête nue d'Auguste à droite.

℞ AVGVSTVS. Vache marchant à gauche. (N° 26.) Pièce de très beau style. F.D.C. OR.

75. CAESAR AVGVSTVS. Entre deux branches de laurier.

℞ OB CIVIS SERVATOS. Dans une couronne de chêne. (N° 206.) T.B. OR.

76. CAESAR AVGVSTVS. Sa tête nue à droite.

℞ OB CIVIS SERVATOS. Dans une couronne de chêne. (N° 207.) T.B. OR.

77. Même légende. Sa tête laurée à droite.

℞ M. DVRMIVS III. VIR. Crabe tenant un papillon. (N° 433.) T.B. OR.

78. Même tête et même légende.

℞ TVRPILIANVS III VIR. Lyre. (N° 496.) T.B. OR.

TIBÈRE

(757-790 ; de J.-C., 4-37.)

79. T. CAESAR DIVI AVG. F. AVGVSTVS. Sa tête laurée à droite.

℞ PONTIF. MAXIM. Livie assise à droite, tenant un sceptre et une fleur. (768 ; de J.-C., 15.) (N° 15.) T.B. OR.

80. TI. DIVI. F. AVGVTVS. Sa tête laurée à droite.

℞ TR. POT. XVII. Victoire assise à droite sur un globe, tenant un diadème. (768 ; de J.-C., 15.) (N° 49.) T.B.OR. Q.

81. Même tête et même légende.

℞ TR. POT. XX. Même type. (771 ; de J.-C., 18.) (N° 50.) T.B. OR. Q.

TIBÈRE ET AUGUSTE

82. TI. CAESAR DIVI. AVG.F.AVGVSTVS. Tête laurée de Tibère à droite.

℞ DIVOS. AVGVST. DIVI. F. Tête laurée d'Auguste à droite; dessus, un astre. (N° 3.) T.B. OR.

NÉRON DRUSUS

(Frère de Tibère.)

83. NERO CLAVDIVS DRVSVS GERMANICVS IMP. Sa tête laurée à gauche.

℞ DE GERM. Arc de triomphe surmonté de deux trophées, au bas de chacun desquels est un captif; au milieu, la statue équestre de Drusus courant à droite. (N° 1.) T.B. OR.

84. Même légende. Sa tête couronnée de chêne à gauche.

℞ DE GERMANIS. Drapeau au milieu de deux boucliers, quatre hastes et deux trompettes. (N° 5 var.) T.B. OR.

ANTONIA

(Femme de Néron Drusus.)

85. ANTONIA AVGVSTA. Son buste à droite couronné d'épis.

℞ CONSTANTIAE AVGVSTI. Cérès debout, de face, regardant à droite, tenant une torche allumée et une corne d'abondance. (N° 1.) T.B. OR.

86. Même tête et même légende.

℞ SACERDOS DIVI AVGVSTI. Deux torches allumées, réunies par des bandelettes et une guirlande. (N° 4.) T.B. OR.

GERMANICUS ET CALIGULA

87. GERMANICVS CAES. P.C. CAES. AVG. GERM. Tête nue de Germanicus à droite.

℞ C. CAESAR AVG. GERM. P.M. TR. POT. Tête laurée de Caligula à droite. (N° 1.) T.B. OR.

AGRIPPINE MÈRE ET CALIGULA

88. AGRIPPINA MAT. C. CAES. AVG. GERM. Buste d'Agrippine à droite.

℞ C. CAESAR AVG. PON. M. TR. POT. III. COS. III. Tête laurée de Caligula à droite. (N° 5.) T.B. OR.

CALIGULA ET AUGUSTE
(790-794; de J.-C., 37-41.)

89. C. CAESAR. AVG. GERM. P.M. TR. POT. Tête laurée de Caligula à droite.

℞ DIVVS AVG. PATER PATRIAE. Tête radiée d'Auguste à droite. (790; de J.-C., 37.) (N° 1.) T.B. OR.

90. La même médaille d'un style différent. (N° 1.) T.B. OR.

91. C. CAESAR. AVG. GERM. P. M. TR. POT. COS. Tête nue de Caligula à droite.

℞ Sans légende. Tête radiée d'Auguste à droite, entre deux étoiles. (Même année.) (N° 10.) T.B. OR.

CLAUDE Ier
(794-807; de J.-C., 41-54.)

92. TI. CLAVD. CAESAR AVG. GERM. P. M. TR. P. Sa tête laurée à droite.

℞ CONSTANTIAE AVGVSTI. La Constance assise à gauche sur une chaise curule, portant la main droite à sa bouche. (794; de J.-C., 41.) (N° 5.) T.B. OR.

93. TI. CLAVD. CAESAR AVG. P. M. TR. P. Sa tête laurée à droite.

℞ DE GERMANIS. Sur un arc de triomphe surmonté d'une statue équestre, placée entre deux trophées. (Même année.) (N° 7. inéd. or.) T.B. OR.

94. TI. CLAVD. CAESAR AVG. GERM. P. M. TR. P. Sa tête couronnée de chêne? à droite.

℞ EX S. C. OB CIVES SERVATOS. Dans une couronne de chêne. (Même année.) (N° 34.) T.B. OR.

95. TI. CLAVD. CAESAR AVG. P. M. TR. P. Sa tête laurée à droite.

℞ PACI AVGVSTAE. La Paix avec les emblèmes de Némésis, marchant à droite et tenant un caducée ; elle est précédée par un serpent. (Même année.) (N° 50.) T.B. OR.

96. TI. CLAVD. CAESAR AVG. P. M. TR. P. IIII. Sa tête laurée à droite.

℞ IMPER. RECEPT. Écrit sur un camp prétorien à la porte duquel est un soldat debout, près d'une enseigne militaire. (797 ; de J.-C., 44.) (N° 43.) T.B. OR.

97. Même tête et même légende.

℞ PRAETOR RECEPT. Claude debout à droite, donnant la main à un soldat qui tient une enseigne militaire et un bouclier. (Même année.) (Var. 79. Ined. or.) T.B. OR.

98. TI. CLAVD. CAESAR. AVG. P. M. TR. P. VI. IMP. XI. Sa tête laurée à droite.

℞ DE BRITANN. Écrit sur un arc de triomphe surmonté d'une statue équestre à gauche, placée entre deux trophées. (799 ; de J.-C., 46.) (N° 17.) T.B. OR.

CLAUDE ET NÉRON

99. TI. CLAVD. CAESAR AVG. GERM. P. M. TRIB. POT. P. P. Tête laurée de Claude à droite.

℞ NERO CLAVD. CAES. DRVSVS GERM. PRINC. IVVENT. Buste jeune de Néron drapé à gauche. (794 ; de J.-C., 41.) (N° 4. var.) T.B. OR.

AGRIPPINE JEUNE ET CLAUDE

100. AGRIPPINAE AVGVSTAE. Buste d'Agrippine à droite couronné d'épis.

℞ TI. CLAVD. CAESAR AVG. GERM. P. M. TRIB. POT. P. P. Tête laurée de Claude à droite. (N° 3.) T.B. OR.

AGRIPPINE JEUNE ET NÉRON

101. NERO CLAVD. DIVI F. CAES. AVG. GERM. IMP.

TR. P. COS. Tête nue de Néron et buste d'Agrippine accolés à droite.

℞ AGRIPP. AVG. DIVI CLAVD. NERONIS CAES. MATER EX. S. C. Auguste ? et Livie ? dans un quadrige d'éléphants à gauche. Auguste tient un sceptre surmonté d'un aigle et Livie un sceptre. (N° 3.) T.B. OR.

102. AGRIPP. AVG. DIVI CLAVD. NERONIS CAES. MATER. Buste d'Agrippine et tête nue de Néron en regard.

℞ NERONI CLAVD. DIVI F. CAES. AVG. GERM. IMP. TR. P. Couronne de chêne dans laquelle on lit : EX. S. C. (N° 6.) T.B. OR.

NÉRON. CÉSAR
(803-807 ; de J.-C., 50-54.)

103. NERONI CLAVDIO DRVSO GERM. COS. DESIGN. Son buste jeune, nu-tête et drapé à droite.

℞ EQVESTER ORDO PRINCIPI IVVENT. Sur un bouclier derrière lequel est une haste. (804 ; de J.-C., 51.) (N° 96.) T.B. OR.

104. NERO CLAVD. CAES. DRVSVS GERM. PRIN. IVVENT. Son buste jeune, nu-tête et drapé à gauche.

℞ SACERD. COOPT. IN. OMN. CONL. SVPRA. NVM. EX S.C. Simpule sur un trépied et bâton d'augure sur un patère. (Mème année.) (N° 311.) T.B. OR.

NÉRON EMPEREUR
(807-821 ; de J.-C., 54-68.)

105. NERO CAESAR AVG. IMP. Sa tête nue à droite.
℞ PONTIF. MAX. TR. P. IIII. P. P. Autour d'une couronne de chêne dans laquelle on lit : EX S.C. (810 ; de J.-C., 57.) (N° 208.) T.B. OR.

106. Mème tête et même légende.
℞ PONTIF. MAX. TR. P. VII. COS. IIII. P.P. EX S. C. Mars debout à gauche, le pied sur une cuirasse, tenant une haste et

un parazonium ; à terre un bouclier. (813 ; de J.-C., 60.) (N° 219.) T.B. OR.

107. Même tête et même légende.

℞ PONTIF. MAX. TR. P. X. COS. IIII. P.P. Rome debout à droite en habit militaire, le pied sur une cuirasse et tenant un bouclier ; à terre des boucliers et une épée. (816 ; de J.-C., 63.) (N° 234.) T.B. OR.

Monnaies sans dates certaines.

108. NERO CAESAR AVGVSTVS. Sa tête laurée à droite.

℞ AVGVSTVS AVGVSTA. Auguste radié tenant un sceptre et une patère, et Livie voilée, tenant une patère et une corne d'abondance, tous deux debout à gauche. (N° 42.) T.B. OR.

109. Même tête et même légende.

℞ IANVM CLVSIT PACE P.R. TERRA MARIQ. PARTA. Le temple de Janus fermé. (N° 114.) T.B. OR.

110. Même tête et même légende.

℞ IVPPITER CVSTOS. Jupiter assis à gauche, tenant un foudre et un sceptre. (N° 118.) T.B. OR.

111. Même tête et même légende.

℞ VESTA. Temple rond à six colonnes ; au milieu, Vesta assise tenant un sceptre. (N° 334.) T.B. OR.

INTERRÈGNE

(821 ; de J.-C., 68.)

112. BON. EVENT. Tête diadémée de Bonus Eventus à droite.

℞ ROM. RENASC. Rome en habit militaire debout à droite, tenant une haste transversale surmontée d'un aigle et une petite Victoire. (Galba n° 397 var.) F.D.C. OR.

113. MARS VLTOR. Tête casquée de Mars à droite.

℞ SIGNA P. R. Aigle romaine avec une couronne de perles dans son bec, entre deux enseignes militaires et un autel allumé. (Galba n° 405.) T.B. OR.

GALBA

(821-822; de J.-C., 68-69.)

114. GALBA IMP. Sa tête laurée à gauche; dessous, un globe.

℟ GALLIA HISPANIA. La Gaule et l'Espagne debout se donnant la main ; la première représentée par une femme tenant une trompette ; la seconde par une femme en habit militaire, tenant une haste, un bouclier et un parazonium. (N° 73 var.) T.B. OR.

115. GALBA IMPERATOR. Sa tête laurée à droite; dessous, un globe.

℟ ROMA RENASC. Rome en habit militaire marchant à droite, tenant une petite Victoire et une haste transversale. (N° 195.) T.B. OR.

116. IMP. SER. GALBA AVG. Sa tête nue à droite.

℟ S. P. Q. R. OB. C. S. dans une couronne de chêne. N° 286.) T.B. OR.

117. GALBA IMPERATOR. Sa tête laurée à droite.

℟ IMP. CAES. TRAIAN. AVG. GERM. DAC. P.P. REST. La Liberté debout à gauche, tenant un bonnet et un sceptre. (Médaille restituée par Trajan.) (N° 354.) T.B. OR.

OTHON

(822; de J.-C., 69.)

118. IMP. OTHO CAESAR AVG. TR.P. Sa tête nue à droite.

℟ PAX ORBIS TERRARVM. La Paix debout à gauche, tenant une branche d'olivier et un caducée. (Var. n° 2.) T.B. OR.

119. IMP. M. OTHO CAESAR AVG. T.R.P. Même tête.

℟ SECVRITAS P.R. La Sécurité debout à gauche, tenant une couronne et un sceptre. (N° 16.) T.B. OR.

120. Même tête et même légende.

℟ VICTORIA OTHONIS. Victoire volant à droite, tenant une couronne et une palme. (N° 26.) T.B. OR.

VITELLIUS

(822; de J.-C., 69.)

121. A. VITELLIVS GERMAN. IMP. T.R.P. Sa tête laurée à droite.

℞ CONCORDIA P.R. La Concorde assise à gauche, tenant une patère et une double corne d'abondance. (N° 19.) T.B. OR.

122. Même tête et même légende.

℞ LIBERTAS RESTITVTA. La Liberté debout à droite, tenant un bonnet et un sceptre. (48 var. OR.)T.B. OR.

123. A. VITELLIVS GERM. IMP. AVG. TR. P. Sa tête laurée à droite.

℞ L. VITELLIVS COS. III. CENSOR. Vitellius père assis à gauche, tenant un rameau et un sceptre surmonté d'un aigle. (N° 54.) F.D.C. OR.

124. A. VITELLIVS IMP. GERMANICVS. Sa tête laurée à gauche.

℞ SECVRITAS IMP. GERMAN. La Sécurité assise à droite auprès d'un autel, soutenant sa tête avec la main droite et tenant un sceptre. (N° 82.) T.B. OR.

125. A. VITELLIVS GERMAN. IMP. TR. P. Sa tête laurée à droite.

℞ S.P.Q.R. OB. C.S. dans une couronne de chêne. (N° 85.) F.D.C. OR.

126. A. VITELLIVS IMP. GERMAN. Sa tête laurée à gauche; dessous, un globe; devant, une palme.

℞ VICTORIA AVGVSTI. Victoire marchant à gauche, tenant un bouclier sur lequel on lit : S.P.Q.R. (Var. 101. Ined. OR.) TB. OR.

127. A. VITELLIVS IMP. GERMANICVS. Sa tête laurée à gauche; dessous, un globe.

℞ VICTORIA IMP. GERMAN. Victoire casquée, debout à gauche sur un globe, tenant une couronne et une palme. (Var. 106.) T.B. OR.

128. A. VITELLIVS GERMAN. IMP. TR.P. Sa tête laurée à droite.

℞ XV. VIR. SACR. FAC. Trépied; dessus, un dauphin; dans l'intérieur, un corbeau. (N° 110 var.) F.D.C. OR.

VITELLIUS ET SES ENFANTS

129. A. VITELLIVS GERM. IMP. AVG. TR. P. Sa tête laurée à droite.

℞ LIBERI IMP. GERM. AVG. Bustes en regard de son fils et de sa fille. (N° 3.) F.D.C. OR.

130. A. VITELLIVS IMP. GERMANICVS. Sa tête laurée à gauche.

℞ LIBERIS IMP. GERMANICI. Mêmes bustes. (N° 8.) T.B. OR.

VESPASIEN

(822-832; de J.-C., 69-79.)

131. IMP. CAESAR VESPASIANVS AVG. TR. P. Sa tête laurée à droite.

℞ TITVS ET DOMITIAN. CAESARES PRIN. IVEN. Titus et Domitien à cheval, galopant à droite et tenant chacun une haste. (822; de J.-C., 69). (N° 538.) T.B. OR.

132. Même tête et même légende.

℞ COS. ITER. FORT. RED. La Fortune debout à gauche, tenant une proue et une corne d'abondance. (823; de J.-C., 70.) (N° 81.) F.D.C. OR.

133. IMP. CAES. VESPASIAN. AVG. P.M.TR.P. COS. III. Sa tête laurée à droite.

℞ PACI AVGVSTI. Némésis marchant à droite et tenant un caducée; à ses pieds, un serpent. (824; de J.-C., 71.) (N° 283.) F.D.C. OR.

134. IMP. CAES. VESP. AVG. P.M. COS. IIII. Même tête.

℞ NEP. RED. Neptune debout à gauche, le pied posé sur un

globe, tenant l'acrostolium et un sceptre. (825-826; de J.-C., 72-73). (N° 273.) T.B. OR.

135. IMP. CAES. VESP. AVG. P.M. COS. IIII. CEN. Même tête.

℞ VESTA. Temple rond à quatre colonnes; au milieu et de chaque côté, une statue. (Même date.) (N° 582.) F.D.C. OR.

136. IMP. CAES. VESP. AVG. P.M. COS. IIII. Même tête.

℞ VIC. AVG. Victoire debout à droite sur un globe, tenant une couronne et une palme. (Même date.) (N° 586.) T.B. OR.

137. IMP. CAESAR VESPASIANVS AVG. Même tête.

℞ COS. VI. Taureau cornupète à droite. (828; de J.-C., 75.) (N° 112 var.) F.D.C. OR.

138. Même tête et même légende.

℞ PON. MAX. TR. P. COS. VI. Victoire tenant une couronne et une palme, debout à gauche sur un autel entouré de deux serpents. (Même année.) (N° 370.) T.B. OR.

139. Même légende. Sa tête laurée à gauche.

℞ COS. VIII. Vespasien debout à gauche, en habit militaire, tenant un sceptre et un rouleau (parazonium ?) et couronné par la Victoire. (830-831; de J.-C., 77-78.) (N° 131.) T.B. OR.

Monnaies sans dates certaines.

140. Même légende. Sa tête laurée à droite.

℞ AETERNITAS. L'Éternité debout à gauche, tenant les têtes du Soleil et de la Lune; à ses pieds, un autel allumé. (N° 21.) T.B. OR.

141. CAESAR VESPASIANVS AVG. Sa tête laurée à droite.

℞ ANNONA AVG. Femme assise à gauche, tenant de la main droite la draperie de sa robe et appuyant le bras gauche sur son siège. (N° 27.) T.B. OR.

142. IMP. CAESAR VESPASIANVS AVG. Même tête.

℞ CAESARES VESP. AVG. FILI. Titus et Domitien debout, tenant chacun une patère et un rouleau. (N° 52 var.) F.D.C. OR.

143. IMP. CAESAR VESP. AVG. Même tête.

℞ FORTVNA AVGVST. La Fortune debout à gauche sur un autel orné de guirlandes, tenant un gouvernail et une corne d'abondance. (N° 174.) T.B. OR.

144. IMP. CAESAR AVG. VESPASIANVS. Même tête.

℞ MARS VLTOR. Mars casqué, nu, marchant à droite, portant une haste et un trophée. (N° 270.) T.B. OR.

145. IMP. CAESAR VESPASIANVS AVG. Même tête.

℞ PAX AVGVST. La Paix assise à gauche, tenant une branche d'olivier et un sceptre. (N° 319.) F.D.C. OR.

146. Même tête et même légende.

℞ PONT. MAX. TRIB. POT. Femme assise à droite, tenant un rameau et un sceptre. (Après le n° 379, inéd.) F.D.C. OR.

147. IMP. CAESAR VESPASIANVS AVG. TR. P. Sa tête laurée à droite.

℞ TRIVMP. AVG. Vespasien dans un quadrige à droite, tenant une branche de laurier et couronné par la Victoire; en avant, un soldat tenant une haste et un captif nu, les mains liées derrière le dos; au second plan, derrière les chevaux un joueur de flûte (la Renommée ?). (N° 567.) T.B. OR.

148. DIVVS AVGVSTVS VESPASIANVS. Sa tête laurée à droite.

℞ EX (dans le champ) S.C. sur un bouclier placé sur une colonne funéraire surmontée d'un vase; de chaque côté, une branche de laurier. (Frappée après sa mort.) (N° 148.) T.B. OR.

149. DIVVS VESPASIANVS. Sa tête laurée à droite.

℞ IMP. CAES. TRAIAN. AVG. GER. DAC. P.P. REST. Foudre ailé sur une chaise curule. (Restituée par Trajan.) (N° 650.) T.B. OR.

DOMITILLE ET VESPASIEN

150. DIVA DOMITILLA AVGVSTA. Buste de Domitille à droite.

℞ DIVVS AVGVSTVS VESPASIANVS. Tête radiée de Vespasien à droite. (N° 1.) F.D.C. OR.

TITUS CÉSAR

(822-824; de J.-C., 69-71.)

151. T. CAESAR VESPASIANVS. Sa tête laurée à droite.

℞ ANNONA AVG. L'Abondance assise à gauche, accoudée à son siège et relevant de la main droite la draperie de sa robe. (N° 16.) F.D.C. OR.

TITUS ASSOCIÉ A L'EMPIRE

(824-832; de J.-C., 71-79.)

152. T. CAESAR. IMP. VESPASIAN. Sa tête laurée à droite.

℞ COS. IIII. Taureau cornupète à droite. (828; de J.-C., 75.) (N° 48.) F.D.C. OR.

153. Même tête et même légende.

℞ COS. IIII. Capricorne à droite sur un globe auquel est attaché un gouvernail; sur son dos, une corne d'abondance. (Même année.) (N° 49.) T.B. OR.

154. Même tête et même légende.

℞ PONTIF. TR. P. COS. IIII. Victoire tenant une couronne et une palme, debout, à gauche, sur un autel entouré de deux serpents. (Même année.) (N° 163.) F.D.C. OR.

155. Même tête et même légende.

℞ COS. V. Veau marchant à droite. (829; de J.-C., 76.) (N° 51.) F.D.C. OR.

156. T. CAESAR IMP. VESPASIANVS. Sa tête laurée à droite.

℞ COS. VI. Rome assise à droite sur des boucliers, tenant une haste et appuyant le pied sur un casque; à droite et à gauche, un oiseau volant; à ses pieds, Romulus et Remus allaités par la Louve. (830-831; de J.-C., 77-78.) (N° 64.) F.D.C. OR.

157. IMPERATOR T. CAESAR AVGVSTI F. Sa tête laurée à droite.

℞ CONCORDIA AVG. La Concorde assise à gauche, tenant deux épis avec un pavot et une corne d'abondance; à l'exergue

EPHE. (PHE liés). Frappée à Éphèse. (Var. n° 38.) F.D.C. OR.

158. T. CAES. IMP. VESP. PON. TR. POT. Sa tête laurée à droite.

℞ NEP. RED. Neptune debout à gauche, le pied posé sur un globe, tenant l'acrostolium et un sceptre. (N° 120.) F.D.C. OR.

159. Même tête et même légende.

℞ Sans légende. La Judée en pleurs assise à droite au pied d'un palmier ; derrière, Titus debout, le pied posé sur un globe, tenant une haste et un parazonium. (N° 391.) T.B. OR.

160 Même tête et même légende.

℞ Sans légende. Titus dans un quadrige à droite, tenant un rameau et un sceptre. (N° 393.) F.D.C. OR.

161. T. CAES. IMP. VESP. PON. TR. POT. CENS. Sa tête laurée à droite.

℞ PAX AVG. La Paix debout à gauche, appuyée sur une colonne, tenant une branche d'olivier et un caducée ailé ; devant elle, un trépied sur lequel on voit un pis de vache ? ou une bourse. (N° 132.) F.D.C. OR.

162. T. CAES. IMP. VESP. CENS. Même tête.

℞ PONTIF. TRI. POT. Titus assis à droite, tenant un sceptre et un rameau. (N° 168.) F.D.C. OR.

163. T. CAES. IMP. VESP. CEN. Même tête.

℞ VESTA. La statue de Vesta debout au milieu d'un temple rond ; de chaque côté, une statue. (N° 347.) F.D.C. OR.

164. T. CAESAR IMP. VESPASIAN. Sa tête laurée à droite.

℞ AETERNITAS. L'Éternité voilée debout à gauche, tenant les têtes du Soleil et de la Lune ; à ses pieds, un autel. (N° 13.) F.D.C. OR.

165. Même tête et même légende.

℞ PAX AVG. La Paix assise à gauche, tenant une branche d'olivier et un sceptre. (N° 134.) F.D.C. OR.

TITUS EMPEREUR ET AUGUSTE
(832-834; de J.-C., 79-81.)

166. IMP. TITVS CAES. VESPASIAN. AVG. P. M. Sa tête laurée à droite.

℞ TR. P. VIIII. IMP. XIIII. COS. VII. P. P. quadrige à gauche; dessus, une fleur. (832; de J.-C., 79.) (N° 277.) F.D.C. OR.

167. Même légende. Sa tête laurée à gauche.

℞ TR. P. IX. IMP. XV. COS. VIII. P. P. Éléphant sanglé à gauche. (833; de J.-C., 80.) (N° 304, inéd. OR.) F.D.C. OR.

168. Même tête et même légende.

℞ TR. P. IX. IMP. XV. COS. VIII. P. P. Trophée au pied duquel sont une femme assise à gauche dans l'attitude de la tristesse et un homme assis les mains liées derrière le dos. (833; de J.-C., 80.) (307, inéd. OR.) F.D.C. OR.

169. Même légende. Sa tête laurée à droite.

℞ TR. P. IX. IMP. XV. COS. VIII. P. P. Ancre autour de laquelle est enlacé un dauphin. (Même année.) (N° 308.) F.D.C. OR.

170. Même légende. Sa tête laurée à gauche.

℞ TR. P. IX. IMP. XV. COS. VIII. P. P. Foudre ailé sur un trône. (Même année.) (N° 314, inéd. OR.) T.B. OR.

171. DIVVS TITVS. Sa tête laurée à gauche.

℞ IMP. CAES. TRAIAN. AVG. GERM. DAC. P. P. REST. Chaise curule (ou trône) surmontée d'un foudre ailé. (N° 403.) (Restituée par Trajan.) T.B. OR.

JULIE ET TITUS

172. IVLIA AVGVSTA DIVI TITI F. Buste de Julie à droite.

℞ DIVVS TITVS AVGVSTVS. Tête radiée de Titus à droite. (N° 1.) F.D.C. OR.

DOMITIEN CÉSAR

(822-832 ; de J.-C., 69-79.)

173. CAES AVG. F. DOMIT. COS. II. Sa tête laurée, barbue, à droite.

℞ Sans légende. Domitien à cheval à gauche, levant la main droite et tenant un sceptre surmonté d'une tête humaine ? (286 ; de J.-C., 73.) (N° 663.) T.B. OR.

174. CAES. AVG. F. DOMIT. COS. III. Même tête.

℞ PRINCEPS IVVENTVT. L'Espérance debout à gauche, tenant une fleur et relevant sa robe. (827 ; de J.-C., 74.) (N° 374.) T.B. OR.

175. CAESAR AVG. F. DOMITIANVS. Même tête.

℞ COS. IIII. Corne d'abondance remplie de fruits. (828 ; de J.-C., 75.) (N° 46.) F.D.C. OR.

176. Même tête et même légende.

℞ COS. V. Sarmate à genoux à droite, présentant une enseigne militaire. (829 ; de J.-C., 76.) (N° 48.) T.B. OR.

177. Même tête et même légende.

℞ COS. V. La louve à gauche allaitant Romulus et Rémus ; dessous, une nacelle. (Même année.) (N° 50.) T.B. OR.

DOMITIEN ASSOCIÉ A L'EMPIRE

(832-834 ; de J.-C., 79-81.)

178. CAESAR. DIVI F. DOMITIANVS COS. VII. Sa tête laurée à droite.

℞ PRINCEPS IVVENTVTIS. Autel allumé, entouré de guirlandes. (833 ; de J.-C., 80.) (N° 396.) F.D.C. OR.

DOMITIEN EMPEREUR

(834-849 ; de J.-C., 81-96.)

179. IMP. CAES. DOMITIANVS AVG. P. M. Sa tête laurée à droite.

℞ IVPPITER CONSERVATOR. Aigle de face éployé sur un foudre. (834; de J.-C., 81.) (N° 319.) F.D.C. OR.

180. Même tête et même légende.
℞ TR. P. COS. VII. DES. VIII. P. P. Deux chaises curules avec une couronne de laurier. (Même année.) (N° 571.) F.D.C. OR.

181. Même tête et même légende.
℞ TR. POT. IMP. II. COS. VIII. DES. VIIII. P. P. Buste casqué de Pallas à gauche, avec l'égide sur la poitrine. (835; de J.-C., 82.) (N° 608.) T.B. OR.

182. IMP. CAES. DOMITIANVS AVG. GERMANIC. Son buste lauré et drapé à gauche.
℞ P. M. TR. POT. III. IMP. V. COS. X. P.P. Aigle éployé de face sur un foudre. (837; de J.-C., 84.) (N° 358.) Très beau style. F.D.C. OR.

183. IMP. CAES. DOMIT. AVG. GERM. P. M. TR. P. VI. Sa tête laurée à droite.
℞ IMP. XIIII. COS. XIII. CENS. P. P. P. Pallas casquée debout à gauche, tenant une haste. (840; de J.-C., 87.) (N° 212.) T.B. OR.

184. DOMITIANVS AVGVSTVS. Sa tête laurée à droite.
℞ GERMANICVS COS. XIIII. Domitien dans un quadrige à gauche, tenant une branche de laurier et un sceptre. (841-42; de J.-C., 88-89.) (N° 146.) Beau style. F.D.C. OR.

185. Même tête et même légende.
℞ GERMANICVS COS. XIIII. Esclave germaine en pleurs, assise à droite sur un bouclier; dessous, une haste brisée. (Même année.) (N° 148.) Magnifique style. F.D.C. OR.

186. Même tête et même légende.
℞ GERMANICVS COS. XV. Pallas casquée debout à gauche, tenant une haste. (843-44; de J.-C., 90-91.) (N° 150.) F.D.C. OR.

187. Même tête et même légende.
℞ GERMANICVS COS. XV. Domitien dans un quadrige à gauche, tenant une branche d'olivier et un sceptre. (Même année.) (N° 154 var.) F.D.C. OR.

188. Même tête et même légende.

℟ GERMANICVS COS. XVII. Pallas debout à droite sur un vaisseau, lançant un javelot et tenant un bouclier; à ses pieds, une chouette. (848; de J.-C., 95.) (N° 168.) T.B. OR.

DOMITIA

189. DOMITIA AVG. IMP. DOMITIAN. AVG. GERM. Son buste à droite avec la queue.

℟ CONCORDIA AVGVST. Paon à droite. (N° 4.) F.D.C. OR.

190. DOMITIA AVGVSTA IMP. DOMIT. Son buste à droite avec la queue.

℟ DIVVS CAESAR IMP. DOMITIANI F. Enfant nu, assis sur un globe, de face, levant les deux bras et entouré de sept étoiles. (N° 10.) T.B. OR.

DOMITIA ET DOMITIEN

191. DOMITIA AVGVSTA IMP. DOMIT. Buste drapé de Domitia à droite.

℟ IMP. CAES. DOMITIANVS AVG. P. M. Tête laurée de Domitien à droite. (834; de J.-C., 81.) (N° 3.) F.D.C. OR.

NERVA

(849-851; de J.-C., 96-98.)

192. IMP. NERVA CAES. AVG. P. M. TR. P. COS. II. P. P. Sa tête laurée à droite.

℟ CONCORDIA EXERCITVVM. Deux mains jointes. (849; de J.-C., 96.) (N° 15.) T.B. OR.

193. Même tête et même légende.

℟ LIBERTAS PVBLICA. La Liberté debout à gauche, tenant un bonnet et un sceptre. (Même année.) (N° 105.) T.B. OR.

194. IMP. NERVA CAES. AVG. P. M. TR. P. COS. III. P. P. Sa tête laurée à droite.

℟ CONCORDIA EXERCITVVM. Deux mains jointes tenant

une aigle légionnaire posée sur une proue. (850; de J.-C., 97.) (N° 28.) T.B. OR.

195. IMP. NERVA CAES. AVG. P. M. TR. POT. II. Même tête.

℞ COS. III. PATER PATRIAE. Simpule, aspersoir, vase à sacrifice et bâton d'augure. (Même année.) (N° 50.) T.B. OR.

196. IMP. NERVA CAES. AVG. P. M. TR. P. COS. III. P. P. Même tête.

℞ FORTVNA AVGVST. La Fortune debout à gauche, tenant un gouvernail et une corne d'abondance. (Même année.) (N° 65.) T.B. OR.

197. Même tête et même légende.

℞ FORTVNA P. R. La Fortune assise à gauche, tenant deux épis? et un sceptre. (Même année.) (N° 78.) T.B. OR.

TRAJAN

(851-870; de J.-C., 98-117.)

198. IMP. CAES. NERVA TRAIAN. AVG. GERM. Sa tête laurée à droite.

℞ P. M. TR. P. COS. II. P. P. La Germanie assise à gauche sur des boucliers germains, tenant une branche d'olivier. (851; de J.-C., 98.) (N° 207.) F.D.C. OR.

199. Même tête et même légende.

℞ PONT. MAX. TR. POT. COS. II. Même type. (Même année.) (N° 290.) T.B. OR.

200. Même légende. Son buste lauré à droite avec l'égide.

℞ P. M. TR. P. COS. IIII. P..P. Hercule nu debout de face, sur un autel, tenant une massue et une peau de lion. (854-55; de J.-C., 101-102.) (N° 232.) T.B. OR.

201. Même légende. Son buste lauré et drapé à droite.

℞ P. M. TR. P. COS. IIII. P. P. Homme nu debout à gauche, armé d'une haste, le manteau sur le bras gauche, érigeant un trophée placé sur un Dace sur les jambes duquel il pose le pied. (Même date.) (254 var.) T.B. OR.

202. IMP. TRAIANO AVG. GER. DAC. P. M. TR. P. Son buste lauré, drapé et cuirassé à droite.

℟ COS. V. P. P. S. P. Q. R. OPTIMO PRINC. Cérès debout à gauche, tenant des épis et une torche. (857-63; de J.-C., 104-110.) (N° 65.) F.D.C. OR.

203. Même légende. Son buste lauré, drapé et cuirassé à droite.

℟ COS. V. P. P. S. P. Q. R. OPTIMO PRINC. Temple à huit colonnes; au milieu, la statue de la Paix debout; au-dessus du fronton, cinq statues dont quatre tiennent des hastes. (Même date.) (97 var.) T.B. OR.

204. IMP. TRAIANO AVG. GER. DAC. P. M TR. P. COS. V. P. P. Son buste lauré, drapé et cuirassé à droite.

℟ S. P. Q. R. OPTIMO PRINCIPI. Trajan à cheval, galopant à droite, tenant une haste et terrassant un ennemi. (Même date.) (N° 501.) T.B. OR.

205. Même légende. Son buste lauré à droite avec l'égide.

℟ Même revers. (Même date.) (N° 501 var.) F.D.C. OR.

206. Même légende. Son buste lauré, légèrement drapé à droite.

℟ S. P. Q. R. OPTIMO PRINCIPI. Soldat debout, tenant une haste et présentant à Trajan, debout, un Dace qui s'agenouille devant lui. (Même date.) (N° 528.) T.B. OR.

207. Même légende. Son buste lauré, drapé et cuirassé à droite.

℟ S. P. Q. R. OPTIMO PRINCIPI. dans une couronne de chêne. (Même date.) (N° 581.) F.D. C. OR.

208. IMP. TRAIANO OPTIMO AVG. GER. DAC. P. M. TR. P. Même buste.

℟ AVGVSTI PROFECTIO. Trajan à cheval à droite en habit militaire, tenant une haste, précédé d'un soldat armé d'une haste et d'un bouclier, et suivi de trois soldats portant des hastes. (867; de J.-C., 114.) (N° 40.) T.B. OR.

209. IMP. TRAIANO AVG. GER. DAC. P. M. TR. P. COS. VI. P. P. Son buste lauré et drapé à droite.

℟ FORVM TRAIAN. Édifice à six colonnes de face et deux de côté avec une grande porte au milieu; sur la plate-forme, on voit, au milieu, un char à six chevaux conduit par deux soldats ? ou Victoires debout, dans lequel est Trajan tenant une branche de laurier et couronné par la Victoire ; de chaque côté du char, un trophée et une Victoire. Les six colonnes de face sont séparées par quatre niches renfermant chacune une statue debout, au-dessus de chaque niche un médaillon et un cinquième médaillon au-dessus de la grande porte. (Même année ?) (N° 167.) T.B. OR.

210. IMP. CAES. NER. TRAIAN. OPTIM. AVG. GER. DAC. PARTHICO. Son buste lauré, drapé et cuirassé à droite.

℞ PARTHIA CAPTA (à l'exergue) P. M. TR. P. COS. VI. P. P. S. P. Q. R. (à l'entour). Trophée entre deux Parthes, homme et femme, assis à terre, ayant devant eux un carquois et un arc. (869 ; de J.-C., 116.) (N° 184.) T.B. OR.

211. IMP. CAES. NER. TRAIAN. OPTIM. AVG. GERM. DAC. Même buste.

℞ PARTHICO P. M. TR. P. COS. VI. P. P. S. P. Q. R. Buste radié du Soleil à droite. (Même année.) (N° 187.) F.D.C. OR.

212. IMP. CAES. NER. TRAIANO OPTIMO AVG. GER. DAC. Même buste.

℞ REGNA ADSIGNATA. Trajan assis sur une estrade placée à droite ; derrière lui, le préfet du prétoire ; devant, un soldat debout tenant une haste ; au pied de l'estrade, trois rois debout. (Même année.) (N° 324.) T.B. OR.

213. IMP. TRAIANO AVG. GER. DAC. P. M. TR. P. COS. VI. P. P. Même buste.

℞ CONSERVATORI PATRIS PATRIAE. Jupiter debout à gauche, nu, le manteau sur le bras, tenant un foudre et un sceptre, et protégeant Trajan qui est à sa droite et tient une branche de laurier. (865-70 ; de J.-C., 112-117.) (N° 46.) T.B. OR.

214. IMP. CAES. NER. TRAIANO OPTIMO AVG. GER. DAC. Même buste.

℞ FORT. RED. (à l'exergue) P. M. TR. P. COS. VI. P. P. S. P. Q. R. (à l'entour). La Fortune assise à gauche, tenant un gouvernail et une corne d'abondance. (Même date.) (N° 153.) F.D.C. OR.

215. IMP. TRAIANO AVG. GER. DAC. P. M. TR. P. COS. VI. P. P. Son buste lauré, drapé et cuirassé à droite.

℞ S. P. Q. R. OPTIMO PRINCIPI. Génie nu, debout de face, auprès d'un autel paré et allumé, tenant une patère et des épis. (Même année.) (N° 399 var.) T.B. OR.

PLOTINE

(Femme de Trajan.)

216. PLOTINA AVG. IMP. TRAIANI. Son buste diadémé et drapé à droite.

℞ CAES. AVG. GERMA. DAC. COS. VI. P. P. Vesta assise à gauche, tenant le palladium et un sceptre. (865-66; de J.-C., 112-113.) (N° 2.) F.D.C. OR.

PLOTINE ET TRAJAN

217. PLOTINAE AVG. Buste diadémé et drapé de Plotine à droite.

℞ DIVO TRAIANO PARTH. AVG. PATRI. Buste lauré et drapé de Trajan à droite. (Frappée sous Hadrien.) (N° 1.) F.D.C. OR.

MARCIANE

(Sœur de Trajan.)

218. DIVA AVGVSTA MARCIANA. Son buste diadémé et drapé à droite.

℞ CONSECRATIO. Aigle éployé, marchant à gauche sur un sceptre, et regardant à droite. (N° 3.) B. OR.

MATIDIE

(Nièce de Trajan.)

219. MATIDIA AVG. DIVAE MARCIANAE F. Son buste diadémé et drapé à droite.

℞ PIETAS AVGVST. Matidie debout de face, regardant à

gauche, plaçant ses mains sur les têtes de Sabine et de Matidie jeune. (N° 9.) T.B. OR.

TRAJAN PÈRE ET TRAJAN

220. DIVVS PATER TRAIANVS. Buste nu-tête et drapé de Trajan père à droite.

℞ IMP. TRAIANVS AVG. GER. DAC. P. M. TR. P. COS. VI. P. P. Buste lauré, drapé et cuirassé de Trajan à droite. (867; de J.-C., 114.) (N° 2.) Très beau style. F.D.C. OR.

TRAJAN, TRAJAN PÈRE ET NERVA

221. IMP. TRAIANVS AVG. GER. DAC. P. M. TR. P. COS. VI. P. P. Buste lauré, drapé et cuirassé de Trajan à droite.

℞ DIVI NERVA ET TRAIANVS PAT. Bustes en regard de Nerva lauré et drapé et de Trajan père, nu-tête et drapé. (867; de J.-C., 114.) (N° 1.) F.D.C. OR.

HADRIEN

(870-891; de J.-C., 117-138.)

222. IMP. CAES. TRAIAN. HADRIANO. AVG. DIVI TRA. PARTH. F. Son buste lauré, drapé et cuirassé à droite.

℞. ORIENS (à l'exergue). DIVI NER. NEP. P. M. TR. P. COS. (à l'entour). Buste radié du Soleil à droite. (870; de J.-C., 117.) (N° 1003.) T.B. OR.

223. IMP. CAESAR. TRAIAN. HADRIANVS AVG. Même buste.

℞ CONCORD. (à l'exergue). P. M. TR. P. COS. II. (à l'entour). La Concorde assise à gauche, tenant une patère; sous son fauteuil, une corne d'abondance; derrière, une statuette de l'Espérance. (871; de J.-C., 118.) (N° 252, inéd. OR.) T.B. OR.

224. Même buste et même légende.

℞ FORT. RED. (à l'exergue). P. M. TR. P. COS. II. (à l'entour). La Fortune assise à gauche, tenant un gouvernail et une corne d'abondance. (Même année.) (N° 746.) T.B. OR.

225. Même buste et même légende.

℞ ORIENS (à l'exergue). P. M. TR. P. COS. II. (à l'entour). Buste radié du Soleil à droite. (Même année.) (1005 var.) B. OR.

226. IMP. CAES. HADRIANVS AVG. COS. III. Même buste.

℞ ANN. DCCCLXXIIII. NAT. VRB. P. CIR. CON. Jeune homme couché à gauche, regardant à droite et tenant de la main droite une roue et trois obélisques de la gauche. (874; de J.-C., 121.) (N° 162.) T.B. OR.

Monnaies sans dates certaines.

227. IMP. CAESAR TRAIAN. HADRIANVS AVG. Son buste lauré, drapé et cuirassé à droite.

℞ GEN. P. R. (dans le champ) P. M. TR. P. COS. III. (à l'entour). Génie du Peuple romain debout à gauche, tenant une patère et une corne d'abondance. (N° 796.) T.B. OR.

228. Même buste et même légende.

℞ HERC. GADIT. (dans le champ). P. M. TR. P. COS. III. (à l'entour). Hercule nu debout à droite, tenant une massue et une pomme ; à gauche, une proue de vaisseau ; à droite, le Boétis couché. (N° 814.) T.B. OR.

229. Même buste et même légende.

℞ P. M. TR. P. COS. III. Jupiter debout de face, nu, le manteau sur l'épaule gauche, tenant un foudre et un sceptre. (N° 1058.) T.B. OR.

230. Même buste et même légende.

℞ P. M. TR. P. COS. III. Jupiter assis à gauche, tenant un foudre et un sceptre. (N° 1060.) T.B. OR.

231. Même buste et même légende.

℞ P. M. TR. P. COS. III. L'Équité debout à gauche, tenant une balance et une corne d'abondance. (N° 1117.) T.B. OR.

232. Même buste et même légende.

℞ SAEC. AVR. (à l'exergue). P. M. TR. P. COS. III. (à l'entour). Homme à demi nu debout à droite (Hadrien avec les attributs de l'Éternité), dans une auréole ovale, tenant un phénix et un globe. (N° 1321.) T.B. OR.

233. HADRIANVS AVGVSTVS. Son buste lauré et légèrement drapé à droite.

℟ COS. III. Hadrien à cheval à droite, levant la main droite. (N° 406.) F.D.C. OR.

234. Même buste et même légende.

℟ COS. III. La louve à gauche, allaitant Romulus et Rémus. (N° 422.) F.D.C. OR.

235. HADRIANVS AVGVSTVS P. P. Son buste lauré, drapé et cuirassé à droite.

℟ COS. III. (à l'exergue). Hadrien à cheval à droite, levant la main droite. (N° 411.) T.B. OR.

236. HADRIANVS AVG. COS. III. P. P. Sa tête nue à droite.

℟ DISCIPLINA AVG. Hadrien marchant à droite suivi de trois soldats qui portent des enseignes militaires. (N° 540.) B. OR.

237. Même légende. Son buste, nu-tête et drapé à droite.

℟ FORTVNA SPES. La Fortune et l'Espérance debout en regard; la première tient un gouvernail, posé sur un globe, et une corne d'abondance; la seconde tient une fleur et relève sa robe. (N° 780.) F.D.C. OR.

238. Même buste et même légende.

℟ LIBERALITAS AVG. VI. La Libéralité debout à gauche, tenant une tessère et une corne d'abondance. (934.) F.D.C. OR.

239. Même légende. Son buste nu-tête et drapé à droite.

℟ SECVRITAS AVG. La Sécurité à demi nue, assise à droite sur un fauteuil dont les deux bras sont formés par des cornes d'abondance; elle appuie le bras droit sur l'une en soutenant sa tête avec sa main, et tient l'autre de la main gauche. (N° 1403 var.) F.D.C OR.

240. Même légende. Sa tête nue à droite.

℟ SECVRITAS AVG. La Sécurité à demi nue, assise à gauche, tenant une corne d'abondance, et soutenant sa tête de la main gauche; sur son siège, derrière elle, une corne d'abondance. (N° 1404.) F.D.C. OR.

241. Même légende. Sa tête laurée à droite.

℞ SPES. P.R. L'Espérance marchant à gauche, tenant une fleur et relevant sa robe. (1412.) T.B. OR.

242. Même légende. Sa tête nue à droite.

℞ VENERIS FELICIS. Vénus assise à gauche, tenant Cupidon et une haste renversée. (N° 1447.) F.D.C. OR.

243. Même tête et même légende.

℞ VOTA PVBLICA. Hadrien debout à gauche, sacrifiant avec une patère sur un autel ou un trépied et tenant un rouleau; à gauche, un victimaire, amenant un taureau et tenant un marteau, un soldat tenant une haste, un joueur de double flûte et un enfant (Camille), qui s'approche de l'autel. (N° 1480.) T.B. OR.

Monnaies portant au revers des noms de pays.

(Voyages d'Hadrien ?)

244. HADRIANVS AVG. COS. III. P. P. Son buste nu-tête et drapé à droite.

℞ ADVENTVI AVG. ITALIAE. Hadrien debout à droite, tenant un rouleau, en face de l'Italie debout qui tient une patère et une corne d'abondance; entre eux, un autel paré et allumé. (N° 42.) T.B. OR.

245. Même buste et même légende.

℞ HISPANIA. L'Espagne couchée à gauche, tenant une branche d'olivier et le coude gauche appuyé sur le rocher de Calpé; devant elle, un lapin. (N° 824.) T.B. OR.

246. Même buste et même légende.

℞ RESTITVTORI ACHAIAE. Hadrien debout à gauche, relevant l'Achaïe agenouillée; entre eux, un vase d'où sort une palme. (N° 1214.) F.D.C. OR.

247. Même légende. Son buste nu-tête et drapé à gauche.

℞ AFRICA. L'Afrique coiffée de la trompe d'éléphant, couchée à gauche, la main droite posée sur un lion, le bras gauche appuyé sur une corbeille; derrière, des épis. (N° 151.) T.B. OR.

248. Même légende. Sa tête nue à gauche.

℞ AEGYPTOS. L'Égypte couchée à gauche, tenant un sistre, et le bras gauche reposant sur un panier rempli de fruits; devant elle, un ibis posé sur un cippe. (N° 108.) F.D.C OR.

249. Même légende. Son buste nu-tête, drapé et cuirassé à droite.

℞ Sans légende. Le Nil couché à droite, tenant un roseau et une corne d'abondance; devant, un hippopotame au milieu des roseaux; dessous, un crocodile. (N° 1498.) F.D.C. OR.

HADRIEN ET TRAJAN

250. IMP. CAES. TRAIAN. HADRIAN. OPT. AVG. GER. D. PART. Buste lauré, drapé et cuirassé d'Hadrien à droite.

℞ DIVO TRAIANO PATRI AVG. Buste lauré, drapé et cuirassé de Trajan à droite. (N° 1 var.) T.B. OR.

HADRIEN, TRAJAN ET PLOTINE

251. HADRIANVS AVG. COS. III. P. P. Buste d'Hadrie nu-tête et drapé à droite.

℞ DIVIS PARENTIBVS. Bustes en regard de Trajan nu-tête et drapé et de Plotine diadémé et drapé; sur leurs têtes, deux étoiles. (N° 2.) T.B. OR.

HADRIEN ET SAUROMATES II
roi du Bosphore.
(92 à 124 de J.-C.)

252. ΒΑϹΙΛΕΩϹ ϹΑΥΡΟΜΑΤΟΥ. Buste diadémé et drapé de Sauromates à droite.

℞ Tête laurée d'Hadrien à droite; dessous, ΥΙΗ. (An. 418.) T.B. OR.

SABINE

(Femme d'Hadrien.)

253. SABINA AVGVSTA. Son buste diadémé à droite avec la queue.

℞ CONCORDIA AVG. La Concorde assise à gauche, tenant une patère et accoudée à une statuette de l'Espérance posée sur une base ; sous le siège, une corne d'abondance. (N° 10.) T.B. OR.

254. Même buste et même légende.

℞ IVNONI REGINAE. Junon diadémée et voilée debout à gauche, tenant une patère et un sceptre; à ses pieds, un paon. (N° 46.) F.D.C. OR.

255. Même buste et même légende.

℞ VESTA. Vesta assise à gauche, tenant le palladium et un sceptre. (N° 78.) T.B. OR.

256. Même légende. Son buste diadémé à droite avec la coiffure relevée.

℞ Même revers. (N° 79.) T.B. OR.

257. SABINA AVGVSTA HADRIANI AVG. P. P. Même buste.

℞ Sans légende. Cérès assise à gauche sur un panier, tenant des épis et un flambeau. (N° 90.) T.B. OR.

AELIUS

(889-891 ; de J.-C., 136-138.)

258. L. AELIVS CAESAR. Sa tête nue à droite.

℞ CONCORD. (à l'exergue) TRIB. POT. COS. II. (dans le champ.) La Concorde assise à gauche, tenant une patère, et le coude gauche appuyé sur une corne d'abondance. (N° 11.) F.D.C. OR.

259. Même légende. Son buste nu-tête et drapé à droite.

℞ PIETAS (dans le champ) TR. POT. COS. II. (à l'entour). La Piété debout à droite, levant la main droite et tenant une boîte à parfums ; à ses pieds, un autel paré et allumé. (N° 35.) Très beau style. F.D.C. OR.

260. Même légende. Sa tête nue à gauche.

℟ PIETAS (dans le champ) TRIB. POT. COS. II. (à l'entour). Même type. (N° 42.) F.D.C. OR.

261. Même légende. Sa tête nue à droite.

℟ TRIB. POT. COS. II. Même type. (N° 72.) T.B. OR.

ANTONIN LE PIEUX
(891-914; de J.-C., 138-161.)

262. IMP. T. AEL. CAES. HADRI. ANTONINVS. Son buste lauré, légèrement drapé à droite.

℟ AVG. PIVS. P. M. TR. POT. COS. DES. II. La Piété voilée debout à droite, tenant une boîte à parfums; à ses pieds, un autel paré et allumé. (891 ; de J.-C., 138.) (N° 71 var.) F.D.C. OR.

263. IMP. T. AEL. CAES. ANTONINVS. Son buste nu-tête et drapé à droite

℟ CONCOR. (à l'exergue) TRI. POT. COS. DES. II. (à l'entour). La Concorde assise à gauche, tenant une patère et le coude gauche appuyé sur une statuette de l'Espérance ; sous le siège, une corne d'abondance. (Même année.) (N° 128.) F.D.C. OR.

264. Même buste et même légende.

℟ CONCORD. (à l'exergue). TRI. POT. COS. (à l'entour). Même type. (Même année.) (N° 129.) T.B. OR.

265. Même buste et même légende.

℟ PIETAS (dans le champ) TRI. POT. COS. (à l'entour). La Piété voilée debout à droite, tenant une boîte à parfums ; à ses pieds, un autel paré et allumé. (Même année.) (N° 599.) T.B. OR.

266. ANTONINVS AVG. PIVS. P.P. TR. P. COS. III. Son buste lauré, drapé et cuirassé à droite.

℟ IOVI STATORI. Jupiter nu debout de face, appuyé sur son sceptre et tenant un foudre. (893-96; de J.-C., 140-143.) (N° 459.) T.B. OR.

267. Même légende. Sa tête laurée à droite.

℞ LIBERALITAS (à l'entour) AVG. III. (à l'exergue). Antonin assis à gauche sur une estrade ; à côté de lui, la Libéralité debout, tenant une tessère et une corne d'abondance ; au pied de l'estrade, un homme debout, tendant son vêtement. (Même date.) (N° 485.) F.D.C. OR.

268. ANTONINVS AVG. PIVS P.P. Sa tête laurée à droite.

℞ LIB. IIII. (à l'exergue) TR. POT. COS. IIII. (à l'entour). La Libéralité debout à gauche, tenant une tessère et une corne d'abondance. (898 ; de J.-C., 145.) (490, inéd. OR.) T.B. OR. Q.

269. Même légende. Son buste lauré, drapé et cuirassé à droite.

℞ COS. IIII. La Félicité debout à gauche, tenant un capricorne et un caducée ailé. (898-900 ; de J.-C., 145-147.) (N° 250.) F.D.C. OR.

270 ANTONINVS AVG. PIVS P.P. TR. P. XI. Sa tête laurée à droite.

℞ LIB. V. (dans le champ) COS. IIII. (à l'entour). La Libéralité debout à gauche, tenant une tessère et une corne d'abondance. (901 ; de J.-C., 148.) (N° 504.) F.D.C. OR.

271. ANTONINVS AVG. PIVS P. P. TR. P. XII. Son buste lauré à droite avec l'égide.

℞ COS IIII. L'Équité debout à gauche, tenant une balance et une corne d'abondance. (902 ; de J.-C., 149.) (N° 235.) F.D.C. OR.

272. Même légende. Son buste nu-tête et drapé à droite.

℞ Même revers. (Même année.) (N° 236.) F.D.C. OR.

273. Même légende. Son buste lauré et drapé à droite.

℞ TEMPORVM FELICITAS COS. IIII. Deux cornes d'abondance en sautoir, surmontées des bustes de deux enfants jumeaux de Marc-Aurèle. (Même année.) (N° 812.) F.D.C. OR.

274. ANTONINVS AVG. PIVS P.P. TR. P. XIIII. Sa tête nue à droite.

℞ LAETITIA COS. IIII. Cérès debout à droite, tenant deux

épis; à côté d'elle, Proserpine, debout à gauche, tenant une grenade. (904; de J.-C., 151.) (N° 477.) T.B. OR.

275. IMP. CAES. T. AEL. HADR. ANTONINVS AVG. PIVS. P.P. Sa tête nue à droite.

℞ PAX (à l'exergue) TR. POT. XIIII. COS. IIII. (à l'entour). La Paix debout à gauche, tenant une branche d'olivier et un sceptre. (Même année.) (N° 579.) F.D.C. OR.

276. Même légende. Sa tête nue à gauche.

℞ PAX (à l'exergue) TR. POT. XV. COS. IIII. Même type. (905; de J.-C., 152.) (n° 587 var.) T.B. OR.

277. Même légende. Sa tête nue à droite.

℞ TR. POT. XV. COS IIII. Antonin debout à gauche, tenant un globe. (Même année.) (N° 964.) F.D.C. OR.

278. ANTONINVS AVG. PIVS P.P. TR. P. XV. Sa tête laurée à gauche.

℞ COS. IIII. Même type. (Même année.) (N° 305.) F.D.C. OR.

279. ANTONINVS AVG. PIVS P.P. TR. P. XVI. Son buste nu-tête, drapé et cuirassé à gauche.

℞ Même revers. (906; de J.-C., 153.) (N° 308.) F.D.C. OR.

280. ANTONINVS AVG. PIVS P.P. TR. P. XVII. Son buste nu-tête, drapé et cuirassé à droite.

℞ Même revers. (907; de J.-C., 154.) (N° 313.) F.D.C. OR.

281. ANTONINVS AVG. PIVS. P. P. TR. P. XXII. Sa tête laurée à droite.

℞ VOTA SVSCEPTA DEC. III. COS. IIII. Antonin voilé debout à gauche, tenant un rouleau et sacrifiant sur un trépied allumé. (912; de J.-C. 159.) (N° 1124, inéd. OR.) F.D.C. OR.

282. ANTONINVS AVG. PIVS. P. P. TR. P. XXIII. Même tête.

℞ PIETATI AVG. COS. IIII. La Piété debout à gauche, entre deux enfants; elle tient un globe de la main droite et un enfant sur le bras gauche. (913; de J.-C., 160.) (N° 622.) F.D.C. OR.

Monnaies sans dates certaines.

283. ANTONIVS AVG. PIVS P.P. Son buste nu-tête, drapé et cuirassé à droite.

℞ TR. POT. COS. IIII. Rome assise à gauche, tenant le palladium et une haste; derrière elle, un bouclier. (N° 936.) F.D.C. OR.

284. ANTONINVS AVG. PIVS P.P. TR. P. COS. IIII. Son buste lauré à droite.

℞ Sans légende. Pallas debout à gauche, tenant une Victoire et un bouclier posé à terre; une haste repose sur son bras gauche. (N° 1146.) T.B. OR.

285. DIVVS ANTONINVS. Sa tête nue à droite.

℞ CONSECRATIO. Bûcher à quatre étages en pyramide, orné de guirlandes, de draperies et de statues séparées par des colonnes; au milieu, une porte; sur le sommet, Antonin dans un quadrige. (N° 163.) (Frappée après sa mort.) F.D.C. OR.

ANTONIN ET MARC-AURÈLE

286. ANTONINVS AVG. PIVS P.P. TR. P. COS. III. Buste nu-tête, drapé et cuirassé d'Antonin à droite.

℞ AVRELIVS CAESAR AVG. PII F. COS. Buste nu-tête, drapé et cuirassé de Marc-Aurèle jeune à droite. (893; de J.-C., 140.) (N° 19, var.) F.D.C. OR.

FAUSTINE MÈRE
(Femme d'Antonin.)

287. FAVSTINA AVG. ANTONINI AVG. P.P. Son buste à gauche.

℞ CONCORDIA AVG. La Concorde assise à gauche, tenant une patère et accoudée à une statuette de l'Espérance placée sur une base; sous le siège, une corne d'abondance. (891-894; de J.-C., 138-141.) (N° 148.) Très beau style. F.D.C. OR.

288. Même légende. Son buste à droite.

℞ VENERI AVGVSTAE. Vénus debout à droite, relevant

son voile et tenant une pomme. (Même date.) (N° 279.) F.D.C. OR.

Monnaies frappées après sa mort.

289. DIVA FAVSTINA. Son buste voilé à droite.
℞ AETERNITAS. L'Éternité (ou la Fortune) voilée debout à gauche, tenant une patère et un gouvernail posé sur un globe. (N° 3.) F.D.C. OR.

290. Même légende. Son buste à droite.
℞ Même revers. (N° 2.) T.B. OR.

291. Même buste et même légende.
℞ Même revers, mais sans le globe sous le gouvernail. (N° 2.) F.D.C. OR.

292. Même buste et même légende.
℞ AVGVSTA. Diane (ou Cérès) debout à gauche, tenant deux torches. (N° 75.) T.B. OR.

293. Même légende. Son buste diadémé et voilé à gauche.
℞ Même revers. (N° 76.) Très beau style. F.D.C. OR.

294. Même légende. Son buste à droite.
℞ AVGVSTA. Cérès voilée debout à gauche, tenant une torche et un sceptre. (N° 95.) F.D.C. OR.

295. Même légende. Son buste diadémé et voilé à gauche.
℞ Même revers. (N° 98.) B. OR.

296. Même légende. Son buste à droite.
℞ AVGVSTA. Femme diadémée debout à gauche, levant la main droite et de la gauche relevant la draperie de sa robe. (N° 127.) T.B. OR.

297. Même buste et même légende.
℞ CERES. Cérès voilée debout à gauche, tenant deux épis et un flambeau. (N° 135.) T.B. OR.

298. Même buste et même légende.
℞ CONSECRATIO. Paon marchant à gauche et regardant en arrière. (N° 177.) T.B. OR.

299. DIVA AVGVSTA FAVSTINA. Son buste à droite.

℞ EX SENATVS CONSVLTO. Faustine, tenant des épis et un sceptre, assise sur un char traîné par deux éléphants à gauche, montés chacun par un cornac. (N° 204.) Très beau style. F.D.C. OR.

300. Même légende. Son buste voilé à droite.

℞ PIETAS AVG. La Piété voilée debout à gauche, mettant un grain d'encens sur un candélabre allumé, et tenant une boîte à parfums. (N° 238 var.) Très beau style. F.D.C. OR.

MARC-AURÈLE CÉSAR
(892-914; de J.-C., 139-161.)

301. AVRELIVS CAESAR. AVG. PII. F. COS. II. Sa tête jeune, nue à droite.

℞ HILARITAS. L'Allégresse debout à gauche, tenant une longue palme et une corne d'abondance. (898-99; de J.-C., 145-146.) (N° 233.) F.D.C. OR.

302. Même tête et même légende.

℞ VOTA PVBLICA. Junon Pronuba? ou la Concorde debout de face, joignant les mains de Faustine et de Marc-Aurèle, debout tous deux. (Même date.) (N° 1021.) T.B. OR.

303. AVRELIVS CAESAR AVG. PII. F. Son buste jeune, nu-tête et drapé à droite.

℞ TR. POT. II. COS. II. La Foi debout à droite, tenant deux épis et une corbeille de fruits. (901; de J.-C., 148.) (N° 610.) Très beau style. F.D.C. OR.

304. Même légende. Son buste jeune, nu-tête et légèrement drapé à droite.

℞ TR. POT. III. COS. II. Même type. (902; de J.-C., 149.) (N° 624.) F.D.C. OR.

305. Même légende. Son buste jeune, nu-tête, drapé et cuirassé à droite.

℞ CONCORDIA TR. POT. III. COS. II. La Concorde de face, regardant à droite, debout entre Marc-Aurèle et Faustine sur lesquels elle étend sa robe. (Même année.) (N° 68.) T.B. OR.

306. AVRELIVS CAESAR AVG. PII. FIL. Son buste jeune, nu-tête et légèrement drapé à gauche.

℞ TR. POT. VI. COS. II. Rome, en habit militaire, debout à gauche, tenant une Victoire et un parazonium. (905; de J.-C., 152.) (N° 643 var.) F.D.C. OR.

307. Même légende. Sa tête jeune, nue à droite.

℞ TR. POT. VII. COS. II. Même type. (906; de J.-C., 153.) (N° 657.) F.D.C. OR.

308. Même tête et même légende.

℞ Même revers. (Même année.) (N° 658.) T.B. OR. Q.

309. Même légende. Son buste jeune, nu-tête, drapé et cuirassé à droite.

℞ Même revers. (Même année.) (N° 660.) T.B. OR.

310. AVRELIVS CAES. ANTON. AVG. PII. F. Sa tête jeune, nue à droite.

℞ TR. POT. XI. COS. II. Apollon, en habit de femme, debout à gauche, tenant une patère et une lyre. (910; de J.-C., 157.) (N° 704.) T.B. OR.

311. AVRELIVS CAES. AVG. PII. F. Même tête.

℞ TR. POT. XIIII. COS. II. Mars nu, avec le manteau flottant, marchant à droite, portant une haste transversale et un trophée. (913; de J.-C., 160.) (N° 752 var.) F.D.C. OR.

312. AVRELIVS CAESAR. AVG. PII. F. Son buste nu-tête et drapé à droite.

℞ TR. POT. XV. COS. III. Marc-Aurèle dans un quadrige au pas à gauche, tenant un sceptre surmonté d'un aigle. (914; de J.-C., 161.) T.B. OR.

MARC-AURÈLE EMPEREUR

(914-933; de J.-C., 161-180.)

313. IMP. CAES. M. AVREL. ANTONINVS AVG. Sa tête nue à droite.

℞ LIB. AVGVSTOR. TR. P. XV. (à l'entour) COS. III. (à l'exergue). Marc-Aurèle et Lucius Verus assis à gauche sur une estrade; devant eux, la Libéralité debout, tenant une tessère et une baguette; en bas, un personnage debout tendant les mains. (914; de J.-C., 161.) (N° 401.) T.B. OR.

314. IMP. M. AVREL. ANTONINVS AVG. P.M. Son buste, nu-tête, drapé et cuirassé à droite.

℞ CONCORDIAE AVGVSTOR. TR. P. XVI. COS. III. Marc-Aurèle et Lucius Verus debout se donnant la main. (915; de J.-C., 162.) (N° 72.) F.D.C. OR.

315. M. ANTONINVS AVG. ARMENIACVS. Sa tête laurée à droite.

℞ P. M. TR. P. XX. IMP. III. COS. III. La Paix ou la Félicité debout à gauche, posant le pied sur un globe, tenant un caducée et une corne d'abondance. (919; de J.-C., 166.) (N° 489.) T.B. OR.

316. M. ANTONINVS AVG. ARM. PARTH. MAX. Son buste lauré, drapé et cuirassé à droite.

℞ TR. P. XXI. IMP. IIII. COS. III. Victoire marchant à gauche, tenant une couronne et une palme. (920; de J.-C., 167.) (N° 883.) F.D.C. OR.

317. Même légende. Sa tête laurée à droite.

℞ FORT. RED. TR. P. XXII. IMP. V. COS. III. La Fortune assise à gauche, tenant un gouvernail et une corne d'abondance. (921; de J.-C., 168.) (N° 207.) T.B. OR.

318. Même tête et même légende.

℞ TR. P. XXII. IMP. V. COS. III. L'Équité assise à gauche, tenant une balance et une corne d'abondance. (Même année.) (N° 898.) F.D.C. OR.

319. M. ANTONINVS AVG. TR. P. XXIII. Son buste lauré, drapé et cuirassé à droite.

℞ FELICITAS AVG. COS. III. La Félicité debout à gauche, tenant un caducée et un sceptre. (922; de J.-C., 169.) (N° 177.) F.D.C. OR.

320. M. ANTONINVS AVG. TR. P. XXVI. Son buste lauré et drapé à droite.

℞ IMP. VI. COS. III. Marc-Aurèle, en habit militaire, debout à gauche, tenant un foudre et une haste renversée, et couronné par la Victoire debout qui tient une palme; dans le champ, un globe. (925; de J.-C., 172.) (N° 308.) F.D.C. OR.

321. M. ANTONINVS AVG. TR. P. XXVIII. Son buste lauré, drapé et cuirassé à droite.

℟ IMP. VI. COS. III. Marc-Aurèle à cheval à droite, levant la main droite. (927; de J.-C., 174.) (N° 303 var.) T.B. OR.

322. M. ANTONINVS AVG. GERM. SARM. Même buste.

℟ DE GERM. (à l'exergue) TR. P. XXXI. IMP. VIII. COS. III. P.P. (à l'entour). Monceau d'armes. (930; de J.-C., 177.) (N° 155.) T.B. OR.

323. DIVVS M. ANTONINVS PIVS. Sa tête nue à droite.

℟ CONSECRATIO. Bûcher à quatre étages en pyramide, orné de guirlandes, de draperies et de statues séparées par des colonnes; au milieu, une porte; sur le faîte, Marc-Aurèle, dans un quadrige. (Frappée après sa mort.) (N° 96.) F.D.C. OR.

MARC-AURÈLE, LUCIUS VERUS ET EUPATOR Ier

roi du Bosphore.

(151 à 171 de J.-C.)

324. ΒΑCΙΛЄΩC ЄΥΠΑΤΟΡΟC. Buste diadémé d'Eupator à droite.

℟ Bustes affrontés de Marc-Aurèle et de Lucius Verus. ΥΞΑ. (An. 461.) T.B. OR.

FAUSTINE JEUNE

(Femme de Marc-Aurèle.)

325. FAVSTINA AVG. ANTONINI AVG. PII FIL. Son buste à droite.

℟ CONCORDIA. La Concorde debout de face, regardant à droite, relevant sa robe et tenant une corne d'abondance. (N° 43.) F.D.C. OR.

326. FAVSTINA AVG. PII AVG. FIL. Son buste à gauche.

℞ CONCORDIA. Colombe à droite. (N° 60.) F.D.C. OR.

327. Même légende. Son buste à droite.
℞ Même revers. (N° 61.) T.B. OR.

328. FAVSTINAE AVG. PII. AVG. FIL. Son buste à droite.
℞ IVNO. Junon Lucine assise à gauche, tenant un enfant sur ses genoux et un sceptre ; devant elle est un enfant debout qui tient deux épis. (N° 129.) F.D.C. OR.

329. Même légende. Son buste à droite.
℞ IVNONI LVCINAE. Junon debout à gauche, tenant une patère et un sceptre. (N° 131.) T.B. OR.

330. Même légende. Son buste diadémé à droite.
℞ LAETITIAE PVBLICAE. La Joie debout à gauche, tenant une couronne et un sceptre. (N° 156.) T.B. OR.

331. Même légende. Son buste à droite.
℞ VENERI GENETRICI. Vénus debout à gauche, tenant une pomme et un sceptre. (N° 230.) Très beau style. F.D.C. OR.

332. La même médaille, également de très beau style. F.D.C. OR.

333. Même légende. Son buste à droite.
℞ VENVS. Vénus debout à gauche, tenant une pomme et un gouvernail posé sur un dauphin ? (N° 263 var ?). F.D.C. OR.

334. FAVSTINA AVGVSTA AVG. PII. F. Son buste à droite.
℞ VENVS. Vénus debout à gauche, tenant une pomme et un sceptre. (N° 244.) T.B. OR.

335. FAVSTINA AVGVSTA. Son buste à droite.
℞ AVGVSTI PII FIL. Diane debout à gauche, tenant une flèche et un arc. (N° 19 var.) T.B. OR.

336. Même tête et même légende.
℞ IVNONI LVCINAE. Junon debout à gauche entre deux enfants, en tenant un troisième dans ses bras. (N° 134.) T.B. OR.

337. Même tête et même légende.

℞ MATRI MAGNAE. Cybèle tenant le tympanon, assise à droite entre deux lions. (N° 168.) T.B. OR.

338. Même légende. Son buste à droite, les cheveux ondés.

℞ SALVTI AVGVSTAE. La Santé assise à gauche, nourrissant un serpent enroulé autour d'un autel. (N° 198.) F.D.C. OR.

339. Même buste et même légende.

℞ VENVS. Vénus debout à gauche, tenant une pomme et un sceptre. (N° 249, inéd. OR.) F.D.C. OR. Q.

LUCIUS VERUS

(914-922; de J.-C., 161-169.)

340. IMP. CAES. L. VERVS AVG. Son buste nu-tête et drapé à droite.

℞ PROFECTIO AVG. TR. P. II. COS. II. Verus, en habit militaire, à cheval à droite, portant une haste. (915; de J.-C., 162.) (N° 137.) F.D.C. OR.

341. L. VERVS. AVG. ARMENIACVS. Son buste lauré et cuirassé à droite.

℞ REX. ARMEN. DAT. (à l'exergue) TR. P. IIII. IMP. II. COS. II (à l'entour). Verus assis à gauche sur une estrade ; derrière lui, le préfet du prétoire debout ; devant, un soldat tenant une baguette ; au pied de l'estrade, le roi Soème debout. (917 ; de J.-C., 164.) (N° 157.) T.B. OR.

342. Même buste et même légende.

℞ TR. P. IIII. IMP. II. COS. II. Victoire à demi nue, debout à droite, plaçant sur un palmier un bouclier sur lequel on lit : VIC. AVG. (Même année.) (N° 247.) T.B. OR.

343. L. VERVS. AVG. ARM. PARTH. MAX. Son buste lauré, drapé et cuirassé à droite.

℞ TR. P. V. IMP. III. COS. II. Verus à cheval galopant à droite, tenant une haste et foulant aux pieds un ennemi. (918 ; de J.-C., 165.) (N° 275.) T.B. OR.

344. Même légende. Son buste lauré et cuirassé à gauche.

℞ TR. P. VI. IMP. IIII. COS. II. Même type. (919 ; de J.-C., 166.) (N° 287 var.) T.B. OR.

345. Même légende. Son buste lauré, drapé et cuirassé à droite.

℞ TR. P. VI. IMP. IIII. COS. II. Victoire à demi nue debout de face, regardant à droite, tenant une palme et attachant à un palmier un bouclier sur lequel on lit : VIC. PAR. (Même année.) (N° 276.) F.D.C. OR.

LUCILLE

(Femme de Lucius Verus.)

346. LVCILLAE AVG. ANTONINI AVG. F. Son buste à droite.

℞ VENVS. Vénus debout à gauche, tenant une pomme et un sceptre. (N° 69.) F.D.C. OR.

347. Même buste et même légende.

℞ VOTA PVBLICA. En trois lignes dans une couronne de laurier. (N° 97.) F.D.C. OR.

348. LVCILLA AVGVSTA. Son buste à droite.

℞ PVDICITIA. La Pudeur voilée debout à gauche. (N° 59.) F.D.C. OR.

COMMODE CÉSAR

(919-930 ; de J.-C., 166-177.)

349. COMMODO CAES. AVG. FIL. GERM. SARM. Son buste jeune, nu-tête, drapé et cuirassé à droite.

℞ ADVENTVS CAES. Commode, en habit militaire, à cheval à droite, levant la main droite. (928 ; de J.-C., 175.) (N° 1.) F.D.C. OR.

350. Même buste et même légende.

℞ PRINC. IVVENT. Commode debout à gauche, tenant un rameau et un sceptre ; derrière lui, un trophée au bas duquel on voit un bouclier, un parazonium ? et un arc ? (Même année.) (N° 606.) F.D.C. OR.

351. COMMODO CAES. AVG. FIL. GERM. Même buste.

℞ LIBERALITAS AVG. Commode assis à gauche sur une estrade ; devant lui, la Libéralité debout, tenant une tessère et une corne d'abondance ; au pied de l'estrade, une figure en toge qui en monte les degrés. (Même année.) (N° 292.) F.D.C. OR.

COMMODE ASSOCIÉ A L'EMPIRE

avec les titres d'Impérator et d'Auguste.

(930-933 ; de J.-C., 177-180.)

352. IMP. CAES. L. AVREL. COMMODVS GERM. SARM. Son buste imberbe, lauré et drapé à droite.

℞ DE GERM. (à l'exergue) TR. POT. II. COS. (à l'entour). Monceau d'armes composé d'une cuirasse, de boucliers ovales et hexagones, de trompettes et de lances. (930 ; de J.-C., 177.) (N° 91 var.) F.D.C. OR.

353. L. AVREL. COMMODVS AVG. Même buste.

℞ TR. POT. II. COS. P.P. L'Espérance debout à gauche, tenant une fleur et relevant sa robe. (Même année.) (N° 743.) F.D.C. OR. Q.

354. Même légende. Son buste imberbe, lauré, drapé et cuirassé à droite.

℞ TR. P. III. IMP. II. COS. P. P. Castor (ou Maure) debout à gauche, devant son cheval qu'il tient par la bride et portant une haste de la main gauche. (931 ; de J.-C., 178.) (N° 760.) F.D.C. OR.

355. Même buste et même légende.

℞ TR. P. IIII. IMP. III. COS. II. P. P. Mars marchant à droite, portant une haste et un trophée. (932 ; de J.-C., 179.) (N° 768.) T.B. OR.

COMMODE EMPEREUR

(933-945 ; de J.-C., 180-192.)

356. M. COMMODVS ANTONINVS AVG. Son buste lauré et drapé à droite.

℞ SECVRITAS PVBLICA TR. P. VI. IMP. IIII. COS. III. P.P. La Sécurité assise à droite, soutenant sa tête de la main droite et tenant un sceptre. (934, de J.-C., 181) (N° 700.) F.D.C. OR.

357. Même légende. Son buste lauré et cuirassé à droite.
℞ TR. P. VI. IMP. IIII. COS. III. P. P. Victoire marchant à gauche, tenant une couronne et une palme. (Même année.) (N° 797 var.) T.B. OR. Q.

358. Même légende. Son buste lauré, drapé et cuirassé à droite.
℞ LIBERAL. V. (à l'exergue) TR. P. VII. IMP. IIII. COS. III. P. P. (à l'entour). Commode assis à gauche sur une estrade; derrière lui, un soldat ? debout, tenant une haste ? devant lui la Libéralité debout, tenant une tessère et une corne d'abondance; plus bas, on voit un citoyen montant les degrés de l'estrade. (935; de J.-C., 182.) (N° 313.) T.B. OR.

359. M. ANTONINVS COMMODVS AVG. Même buste.
℞ VIRTVS AVG. TR. P. VII. IMP. IIII. COS III. P. P. Rome assise à gauche, tenant une Victoire et une haste. (Même année.) (N° 965.) F.D.C. OR.

360. M. COMMODVS ANTON. AVG. PIVS. Son buste lauré et drapé à droite.
℞ P. M. TR. P. VIIII. IMP. VI. COS. IIII. P.P. Jupiter à demi nu assis à gauche, tenant une Victoire et un sceptre. (937; de J.-C., 184.) (N° 421.) F.D.C. OR.

361. M. COMM. ANT. AVG. P. BRIT. FEL. Même buste.
℞ CONC. MIL. (à l'exergue). P. M. TR. P. XI. IMP. VII. COS. V. P.P. (à l'entour.) Commode debout entre quatre soldats, dont les deux premiers portent des enseignes et se donnent la main; les deux autres sont armés d'une haste et d'un bouclier. (939; de J.-C., 186.) (N° 60.) T.B. OR.

362. M. COMM. ANT. P. FEL. AVG. BRIT. P.P. Son buste lauré et cuirassé à droite.
℞ HERC. COM. P. M. TR. P. XVI. COS. VI. Commode debout à gauche, en Génie, tenant une patère et une corne d'abon-

dance ; en face de lui, l'arbre du jardin des Hespérides auquel sont attachés un carquois et la peau du lion ; entre les deux, un autel allumé contre lequel est posé une massue. (944 ; de J.-C., 191.) (N° 180 var.) T.B. OR.

363. Même légende. Son buste lauré et drapé à droite.

℞ MINER. AVG. P. M. TR. P. XVI. Minerve marchant à droite et regardant en arrière, tenant de la main droite une branche de laurier et de la gauche un bouclier et un javelot. (Même année.) (N° 359 var.) F.D.C. OR.

364. L. AEL. AVREL. COMM. AVG. P. FEL. Son buste lauré à droite avec l'égide.

℞ P. M. TR. P. XVII. IMP. VIII. COS. VII. P.P. Victoire marchant à gauche, tenant une couronne et une palme. (945 ; de J.-C., 192.) (N° 567.) F.D.C. OR.

CRISPINE

(Femme de Commode.)

365. CRISPINA AVGVSTA. Son buste à droite.

℞ PVDICITIA. La Pudeur voilée debout à gauche, portant la main droite à sa bouche. (N° 29.) T.B. OR.

366. Même buste et même légende.

℞ VENVS FELIX. Vénus assise à gauche, tenant une Victoire et un sceptre ; sous le siège, une colombe. (N° 39.) T.B. OR.

PERTINAX

(946 ; de J.-C., 193.)

367. IMP. CAES. P. HELV. PERTIN. AVG. Sa tête laurée à droite.

℞ AEQVIT. AVG. TR. P. COS. II. L'Équité debout à gauche, tenant une balance et une corne d'abondance. (N° 1.) F.D.C. OR.

368. Même tête et même légende.

℞ LAETITIA TEMPOR. COS. II. La Joie debout à gauche, tenant une couronne et un sceptre. (N° 19.) F.D.C. OR.

369. Même tête et même légende.

℟ PROVID. DEOR. COS. II. La Providence debout à gauche, levant la main droite vers un globe radié. (N° 42.) F.D.C. OR.

DIDE JULIEN
(946; de J.-C., 193.)

370. IMP. CAES. M. DID. IVLIAN. AVG. Sa tête laurée à droite.

℟ CONCORD. MILIT. La Concorde debout de face regardant à gauche, tenant deux enseignes surmontées l'une d'un aigle et l'autre d'un étendard. (N° 2, inéd. OR.) F.D.C. OR.

371. Même légende. Son buste lauré et drapé à droite.

℟ RECTOR ORBIS. Julien debout à gauche, tenant un globe et un livre. (N° 14 var.) F.D.C. OR.

MANLIA SCANTILLA
(Femme de Dide Julien.)

372. MANL. SCANTILLA AVG. Son buste à droite.

℟ IVNO REGINA. Junon voilée debout à gauche, tenant une patère et un sceptre ; à ses pieds, un paon. (N° 1.) T.B. OR.

DIDIA CLARA
(Fille de Dide Julien.)

373. DIDIA CLARA AVG. Son buste à droite.

℟ HILAR. TEMPOR. L'Allégresse debout à gauche, tenant une longue palme et une corne d'abondance. (N° 2.) T.B. OR.

PESCENNIUS NIGER
(946-947; de J.-C., 193-194.)

374. IMP. CAES. C. PESC. NIGER IVST. AVG. Son buste lauré, drapé et cuirassé à droite.

℟ IVSTITIA AVGVSTI. L'Équité debout à gauche, tenant

une balance et une corne d'abondance. (N° 46.) Monnaie de première rareté. F.D.C., mais trouée. OR.

ALBIN CÉSAR
(946-949 ? de J.-C., 193-196 ?)

375. D. CLOD. SEPT. ALBIN. CAES. Son buste nu-tête à droite, l'épaule gauche drapée.

℞ FORT. REDVCI COS. II. La Fortune assise à gauche, tenant un gouvernail posé sur un globe et une corne d'abondance; sous le siège, une roue. (N° 29.) F.D.C. OR.

376. D. CL. SEPT. ALBIN. CAES. Sa tête nue à droite.

℞ SAECVLO FRVGIFERO COS. II. Divinité barbue coiffée de la tiare à droite surmontée d'un voile, vêtue d'une tunique talaire d'une étoffe fine et très ample, chaussée des *persicae*, assise sur un trône à dossier entre deux sphinx ailés debout, coiffés du bonnet phrygien; cette divinité a la main droite levée et une fleur dans la gauche. (N° 68.) T.B. OR.

SEPTIME SÉVÈRE
(946-964; de J.-C., 193-211.)

377. IMP. CAE. L. SEP. SEV. PERT. AVG. Sa tête laurée à droite.

℞ SAEC. FRVGIF. COS. Génie radié à demi nu, debout à gauche, tenant un caducée ailé et un trident ? ou une fourche à foin. (946; de J.-C., 193.) (N° 621.) F.D.C. OR.

378. Même tête et même légende.

℞ VIRT. AVG. TR. P. COS. Rome en habit militaire, debout à gauche, tenant une Victoire et une haste renversée. (Même année.) (N° 751.) F.D.C. OR.

379. L. SEPT. SEV. PERT. AVG. IMP. III. Même tête.

℞ DIS AVSPICIB. TR. P. II. COS. II. P.P. Hercule et Bacchus nus, debout à gauche; Hercule tient une massue et la peau du lion et Bacchus, une coupe et un thyrse; entre eux, une panthère. (947; de J.-C., 194.) (N° 114.) T.B. OR.

380. Même tête et même légende.

℞ P. M. TR. P. II. COS. II. P.P. Jupiter à demi nu, assis à gauche, tenant une Victoire et un sceptre. (Même année.) (N° 379.) F.D.C. OR.

381. L. SEPT. SEV. PERT. AVG. IMP. IIII. Même tête.

℞ VICT. AVG. TR. P. II. COS. II. Victoire marchant à droite, tenant une couronne et une palme. (Même année.) (N° 689 var.) F.D.C. OR.

382. Même tête et même légende.

℞ PART. ARAB. PART. ADIAB. COS. II. P.P. Trophée au pied duquel sont deux captifs. (948; de J.-C., 195.) (N° 364.) F.D.C. OR.

383. L. SEPT. SEV. PERT. AVG. IMP. VIII. Son buste lauré, drapé et cuirassé à droite.

℞ P. M. TR. P. V. COS. II. P.P. La Paix assise à gauche, tenant une branche de laurier et un sceptre. (950; de J.-C., 197.) (N° 443.) F.D.C. OR.

384. L. SEPT. SEV. PERT. AVG. IMP. X. Son buste lauré, légèrement drapé à droite.

℞ HERCVLI DEFENS. Hercule nu debout à droite, appuyé sur sa massue et tenant un arc; la peau du lion est posée sur son bras gauche. (Même année.) (N° 213.) T.B. OR.

385. L. SEPT. SEV. AVG. IMP. XI. PART. MAX. Son buste lauré, drapé et cuirassé à droite.

℞ TR. P. VII. COS. II. P.P. Victoire marchant à droite, tenant une couronne et une palme. (952; de J.-C., 199.) (N° 666.) F.D.C. OR.

386. SEVERVS AVG. PART. MAX. Sa tête laurée à droite.

℞ FVNDATOR PACIS. Sévère voilé debout à gauche, tenant une branche d'olivier et un livre. (951-954; de J.-C., 198-201.) (N° 202.) T.B. OR.

387. Même légende. Son buste lauré, légèrement drapé à droite.

℞ RESTITVTOR VRBIS. Sévère lauré, en habit militaire,

debout à gauche, sacrifiant sur un trépied allumé et tenant une haste. (Même date.) (N° 598.) T.B. OR.

388. SEVER. P. AVG. P. M. TR. P. XI. COS. III. Son buste lauré, drapé et cuirassé à droite.

℞ FORTVNA REDVX. La Fortune assise à gauche, tenant un gouvernail et une corne d'abondance; sous son siège, une roue. (956; de J.-C., 203.) (N° 178.) F.D.C. OR.

389. SEVERVS PIVS AVG. Même buste.

℞ INDVLGENTIA AVG. IN CARTH. La déesse céleste de Carthage assise de face sur un lion qui court à droite; elle tient le tympanon et un sceptre; dessous, on voit des eaux sortant d'un rocher. (957; de J.-C., 204.) (N° 217.) F.D.C. OR.

390. Même légende. Sa tête laurée à droite.

℞ LIBERALITAS AVGG. V. La Libéralité debout à gauche, tenant une tessère et une corne d'abondance. (Même année.) (N° 295.) T.B. OR.

Monnaies sans dates certaines.

391. SEVERVS PIVS AVG. Sa tête laurée à droite.

℞ PACATOR ORBIS. Buste radié et drapé du Soleil à droite. (Depuis 954; de J.-C., 201.) (N° 355.) Très beau style. F.D.C. OR.

392. Même tête et même légende.

℞ VICTORIAE AVGG. Victoire dans un bige au galop à droite, tenant un fouet. (Même date.) (N° 712.) T.B. OR.

393. Même tête et même légende.

℞ VICTORIA PARTHICA MAXIMA. Victoire courant à gauche, tenant une couronne et une palme. (Même date.) (N° 747.) F.D.C. OR.

394. Même tête et même légende.

℞ VIRTVS AVGVSTORVM. Sévère, Caracalla et Géta à cheval, galopant à gauche. (Même date.) (N° 770.) T.B. OR.

395. Même tête et même légende.

℞ VOTA SVSCEPTA XX. Sévère debout à droite, sacrifiant sur un trépied allumé ; en face de lui, un licteur ? debout, tenant une baguette; derrière le trépied, un joueur de flûte, debout de face. (Même date.) (N° 793 var.) F.D.C. OR.

SEPTIME SÉVÈRE ET SAUROMATES III
roi du Bosphore.
(175 à 211 de J.-C.)

396. BACIΛEWC CAVPOMATOY. Buste de Sauromates à droite; devant, une massue.

℟ Tête laurée de Septime Sévère à droite; dessous, YPB. (An. 492.) T.B. OR.

SEPTIME SÉVÈRE, JULIE, CARACALLA ET GÉTA

397. SEVER. P. AVG. P. M. TR. P. X. COS. III. Buste lauré, drapé et cuirassé de Sévère à droite.

℟ FELICITAS SAECVLI. Buste de Julie de face entre le buste lauré et drapé de Caracalla jeune à droite et le buste nu-tête et drapé de Géta à gauche. (955; de J.-C., 202.) (N° 5 var.) TB. OR.

SEPTIME SÉVÈRE, CARACALLA ET GÉTA

398. SEVERVS AVG. PART. MAX. Tête laurée de Sévère à droite.

℟ AETERNIT. IMPERI. Bustes affrontés de Caracalla lauré, drapé et cuirassé et de Géta nu-tête, drapé et cuirassé. (951-954; de J.-C., 198-201.) (N° 1 var.) F.D.C. OR.

JULIE
(Femme de Septime Sévère.)

399. IVLIA DOMNA AVG. Son buste à droite avec un chignon.

℟ VENERI VICTR. Vénus à demi nue, vue de dos, debout à droite, tenant une pomme et une palme et appuyée sur une colonne. (N° 193.) F.D.C. OR.

400. IVLIA AVGVSTA. Même buste.

℟ DIANA LVCIFERA. Diane debout à gauche avec un croissant autour du cou, tenant une torche des deux mains. (N° 26.) F.D.C. OR.

401. Même buste et même légende.

℟ FECVNDITAS. La Terre couchée à gauche, posant la main droite sur un globe parsemé d'étoiles et tenant de la gauche un cep de vigne ; elle est accoudée à un panier ; autour d'elle, quatre enfants représentant les Saisons. (N° 34.) T.B. OR.

402. Même buste et même légende.

℟ MATER DEVM. Cybèle tourelée assise à gauche entre deux lions, tenant un rameau et un sceptre et le coude gauche appuyé sur le tympanon. (N° 126.) F.D.C. OR.

403. Même buste et même légende.

℟ SAECVLI FELICITAS. L'Abondance coiffée du modius, debout à droite, le pied gauche posé sur une proue de vaisseau, et tenant un enfant sur son genou ; à gauche, un gouvernail. (Fabrique syrienne.) (N° 177.) T.B. OR.

404. Même légende. Son buste à droite avec les cheveux ondés.

℟ HILARITAS. L'Allégresse debout à gauche, tenant une longue palme et une corne d'abondance. (N° 71.) F.D.C. OR.

405. IVLIA PIA FELIX AVG. Même buste.

℟ MAT. AVGG. MAT. SEN. M. PATR. Julie assise à gauche, tenant une branche d'olivier et un sceptre. (N° 110.) F.D.C. OR.

406. Même buste et même légende.

℟ PIETATI. La Piété debout à gauche, jetant un grain d'encens sur un autel allumé, et tenant une boîte à parfums. (N° 157.) F.D.C. OR.

407. Même légende. Son buste diadémé à droite.

℟ VENVS GENETRIX. Vénus assise à gauche, étendant la main droite et tenant un sceptre. (213 var.) F.D.C. OR.

408. Même buste et même légende.

℟ VESTA. Quatre vestales debout accompagnées de deux enfants, sacrifiant sur un autel paré et allumé en dehors d'un temple à quatre colonnes à coupole ronde et surmontée d'une statue ;

dans l'intérieur, on voit la statue de Vesta assise. (N° 232.) F.D.C. OR.

JULIE, CARACALLA ET GÉTA

409. IVLIA AVGVSTA. Buste de Julie à droite.

℞ AETERNIT. IMPERI. Bustes en regard de Caracalla lauré et de Géta nu-tête, tous deux jeunes et drapés. (951-957; de J.-C., 198-204.) (N° 1.) F.D.C. OR.

CARACALLA CÉSAR
(949-950 ; de J.-C., 196-197.)

410. M. AVR. ANTON. CAES. PONTIF. Son buste jeune, nu-tête et drapé à droite.

℞ PRINCIPI IVVENTVTIS. Caracalla debout à gauche, tenant une baguette et un sceptre ; derrière lui, un trophée. (950 ; de J.-C., 197.) (N° 504.) F.D.C. OR.

CARACALLA
associé à l'empire.
(950-964 : de J.-C., 197-211.)

411. IMP. CAES. M. AVR. ANTONINVS AVG. Son buste jeune lauré, drapé et cuirassé à droite.

℞ IVVENTA IMPERII. Caracalla en habit militaire debout à gauche, tenant une Victoire sur un globe et une haste renversée ; à ses pieds, un captif assis. (951 ; de J.-C., 198.) (N° 116) F.D.C. OR.

412. ANTONINVS AVGVSTVS. Même buste.

℞ RECTOR ORBIS. Caracalla nu debout de face, regardant à gauche, avec le manteau sur l'épaule, tenant un globe et une haste renversée. (951-954 ; de J.-C., 198-201.) (N° 541.) T.B. OR.

413. Même buste et même légende.

℞ SPES PVBLICA. L'Espérance marchant à gauche, tenant une fleur et relevant sa robe. (Même date.) (N° 601.) T.B. OR.

414. ANTON. P. AVG. PON. TR. P. V. COS. Même buste.

℞ CONCORDIAE AETERNAE. Caracalla et Plautille debout se donnant la main. (955 ; de J.-C., 202.) (N° 26.) F.D.C. OR.

415. ANTONINVS PIVS AVG. Même buste.

℞ COS. LVDOS SAECVL. FEC. Bacchus et Hercule nus debout en face l'un de l'autre ; Bacchus tient une coupe et un thyrse, et Hercule une massue et la peau du lion ; derrière Bacchus, une panthère. (957 ; de J.-C., 204.) (N° 51.) F.D.C. OR.

416. ANTON. P. AVG. PON. TR. P. VII. Même buste.

℞ VICT. PART. MAX. Victoire courant à gauche, tenant une couronne et une palme. (Même année.) (N° 660 var.) F.D.C. OR.

417. ANTONINVS PIVS AVG. Sa tête imberbe laurée à droite.

℞ RESTITVTOR VRBIS. Rome assise à gauche, tenant une Victoire et une haste ; à côté d'elle, un bouclier. (957-962 ; de J.-C., 204-209.) (N° 548.) F.D.C. OR.

418. Même légende. Son buste imberbe lauré et drapé à droite.

℞ COS. II. Caracalla dans un quadrige à droite, tenant un sceptre. (958 ; de J.-C. 205.) (N° 37 var.) T.B. OR.

419. Même légende. Son buste imberbe, lauré, drapé et cuirassé à droite.

℞ PONTIF. TR. P. VIII. COS. II. Mars nu, l'épaule gauche couverte d'un manteau, debout à gauche, posant le pied sur un casque et tenant un rameau et un sceptre. (Même année.) (N° 419.) T.B. OR.

CARACALLA EMPEREUR
(964-970 ; de J.-C., 211-217.)

420. ANTONINVS PIVS AVG. BRIT. Sa tête barbue laurée à droite.

℞ PROVIDENTIAE DEORVM. La Providence debout à

gauche, indiquant avec une baguette un globe qui est à terre et tenant un sceptre. (963-966 ; de J.-C., 210-213.) (N° 582.) T.B. OR.

421. ANTONINVS PIVS FEL. AVG. Son buste lauré, drapé et cuirassé à droite.

℞ VICTORIA GERMANICA. Victoire courant à droite, tenant une couronne et un trophée. (966 ; de J.-C., 213.) (N° 645.) T.B. OR.

422. ANTONINVS PIVS AVG. GERM. Son buste lauré, drapé et cuirassé à gauche.

℞ P. M. TR. P. XVIII. COS. IIII. P.P. Le Soleil radié de bout de face, regardant à gauche, levant la main droite et tenant un globe. (968 ; de J.-C., 215.) (N° 285.) F.D.C. OR.

423. Même légende. Son buste lauré, drapé et cuirassé à droite.

℞. P. M. TR. P. XVIII. COS. IIII. P.P. Le Soleil montant dans un quadrige au galop à gauche. (Même année.) (Inéd.) T.B. OR.

424. Même légende. Son buste lauré et cuirassé à gauche.

℞ P. M. TR. P. XVIIII. COS. IIII. P.P. Même type. (969 ; de J.-C., 216.) (N° 354.) F.D.C. OR.

425. Même légende. Son buste lauré, drapé et cuirassé à droite.

℞ P. M. TR. P. XVIIII. COS. IIII. P. P. Sérapis debout à gauche, levant la main droite et tenant un sceptre. (Même année.) (N° 347.) F.D.C. OR.

426. Même buste et même légende.

℞ P. M. TR. P. XVIIII. COS. IIII. P.P. Lion radié marchant à gauche, tenant un foudre dans sa gueule. (Même année.) F.D.C. OR.

427. Même légende. Son buste lauré et cuirassé à droite.

℞ P. M. TR. P. XX. COS. IIII. P.P. Jupiter à demi nu, assis à gauche, tenant une patère et un sceptre. (970 ; de J.-C., 217.) (N° 377.) F.D.C. OR.

428. Même buste et même légende.

℞ P. M. TR. P. XX. COS. IIII. P.P. Sérapis assis à gauche, tenant des épis ? et un sceptre. (Même année.) (N° 384.) B. OR.

429. Même légende. Son buste lauré, drapé et cuirassé à droite.
℞ P. M. TR. P. XX. COS. IIII. P.P. Le Soleil radié debout à gauche, levant la main droite et tenant un fouet. (Même année.) (N° 388.) F.D.C. OR.

430. Même buste et même légende.
℞ VIC. PART. (à l'exergue). P. M. TR. P. XX. COS. IIII. P.P. (à l'entour). Victoire assise à droite sur une cuirasse, tenant sur ses genoux un bouclier portant l'inscription VOT. XX; devant elle, un trophée, au pied duquel sont assis deux captifs. (Même année.) (N° 647.) T.B. OR.

431. Même légende. Son buste lauré et cuirassé à droite.
℞. VIC. PART. P. M. TR. P. XX. COS. IIII. P.P. Caracalla, en habit militaire, debout à gauche, tenant un globe et un sceptre, couronné par la Victoire qui tient une palme ; à ses pieds, un captif assis. (Même année.) (N° 652.) B. OR.

CARACALLA, SEPTIME SÉVÈRE ET JULIE

432. ANTONINVS PIVS AVG. PON. TR. P. IIII. Buste de Caracalla jeune lauré, drapé et cuirassé à droite.
℞ CONCORDIAE AETERNAE. Bustes accolés à droite de Sévère radié et drapé, et de Julie diadémée avec un croissant autour du cou. (954; de J.-C., 201.) (N° 1 var.) T.B. OR.

CARACALLA ET GÉTA

433. M. AVRELIVS ANTON. AVG. Buste jeune lauré, drapé et cuirassé de Caracalla à droite.
℞ P. SEPT. GETA CAES. PONT. Buste jeune nu-tête, drapé et cuirassé de Géta à droite. (951; de J.-C., 198.) (N° 1.) T.B. OR.

434. ANTONINVS PIVS AVG. PON. TR. P. IIII. Buste de Caracalla jeune lauré, drapé et cuirassé à droite.

℞ P. SEPT. GETA CAES. PONT. Buste de Géta nu-tête, drapé et cuirassé à droite. (954; de J.-C., 201.) (N° 6.) F.D.C. OR.

PLAUTILLE

(Femme de Caracalla.)

435. PLAVTILLAE AVGVSTAE. Son buste à droite avec un chignon.

℞ PROPAGO IMPERI. Plautille debout à droite, donnant la main à Caracalla debout à gauche. (N° 22.) F.D.C. OR.

436. PLAVTILLA AVGVSTA. Son buste à droite.

℞ CONCORDIA AVGG. La Concorde assise à gauche, tenant une patère et une double corne d'abondance. (N° 4.) T.B. OR.

437. Même buste et même légende.

℞ VENVS VICTRIX. Vénus à demi nue debout à gauche, tenant une pomme, une palme et appuyée sur un bouclier; devant elle, Cupidon debout tenant un casque. (N° 24.) T.B. OR.

GÉTA CÉSAR

(951-962; de J.-C., 198-209.)

438. P. SEPTIMIVS GETA CAES. Son buste enfant nu-tête et drapé à droite.

℞ FELICITAS TEMPOR. La Félicité debout à gauche, tenant un caducée et une corne d'abondance. (951-957; de J.-C., 198-204.) (N° 43.) Fabrique orientale. T.B. OR.

439. GETA CAES. PONT. COS. Son buste jeune nu-tête, drapé et cuirassé à droite.

℞ PRINC. IVVENT. COS. Sévère, Caracalla et Géta à cheval galopant à droite. (958-961; de J.-C., 205-208.) (N° 161.) F.D.C. OR.

GÉTA EMPEREUR

(964-965 ; de J.-C., 211-212.)

440. P. SEPT. GETA PIVS AVG. BRIT. Son buste barbu lauré, légèrement drapé à droite.

℞ PONTIF. TR. P. III. COS. II. La Paix ou la Félicité debout à gauche, tenant une corne d'abondance et un caducée. (964-965 ; de J.-C., 211-212.) (N° 149, inéd. OR.) F.D.C. OR.

GÉTA ET CARACALLA

441. P. SEPT. GETA CAES. PONT. Buste jeune nu-tête, drapé et cuirassé de Géta à droite.

℞ SEVERI INVICTI AVG. PII FIL. Buste radié de Caracalla à mi-corps drapé et cuirassé à gauche, l'égide sur la poitrine, levant la main droite. (951-957 ; de J.-C., 198-204.) (N° 1.) Très beau style. F.D.C. OR.

MACRIN

(970 ; de J.-C., 217.)

442. IMP. C. M. OPEL. SEV. MACRINVS AVG. Son buste lauré, drapé et cuirassé à droite.

℞ IOVI CONSERVATORI. Jupiter nu debout à gauche, le manteau sur l'épaule gauche, tenant un foudre et un sceptre. (N° 32 var.) F.D.C. OR.

443. Même buste et même légende.

℞ LIBERALITAS AVG. Macrin et Diaduménien assis à gauche sur une estrade ; derrière eux, un personnage debout tenant une baguette ? ; devant, la Libéralité debout, tenant une tessère et une corne d'abondance ; au pied de l'estrade, une figure debout tendant les mains. (N° 43.) F.D.C. OR.

444. Même buste et même légende.

℞ PONTIF. MAX. TR. P. COS. P.P. La Fidélité debout de face, regardant à droite, posant le pied droit sur un casque et tenant une enseigne de chaque main. (N° 59.) T.B. OR.

445. Même légende. Son buste lauré et cuirassé à droite.

℞ PONTIF. MAX. TR. P. II. COS. II. P.P. La Santé assise à gauche, nourrissant un serpent enroulé autour d'un autel. (N° 103.) F.D.C. OR.

DIADUMENIEN CÉSAR

(970; de J.-C., 217.)

446. M. OPEL. ANT. DIADVMENIAN. CAES. Son buste nu-tête et drapé à droite.

℞ PRINC. IVVENTVTIS. Diaduménien debout de face, regardant à droite, tenant une enseigne militaire surmontée d'un aigle et un sceptre; à droite, deux enseignes. (N° 2.) Monnaie de première rareté. B. OR.

ELAGABALE

(971-975; de J.-C., 218-222.)

447. IMP. CAES. M. AVR. ANTONINVS AVG. Son buste lauré, drapé et cuirassé à droite.

℞ P. M. TR. P. II. COS. II. P.P. Rome assise à gauche, tenant une Victoire et une haste; derrière elle, un bouclier. (972; de J.-C., 219.) (N° 137.) T.B. OR.

448. Même buste et même légende.

℞ FIDES EXERCITVS. La Fidélité assise à gauche, tenant un aigle et une enseigne militaire; devant elle, une enseigne. (971-972; de J.-C., 218-219.) (N° 34.) T.B. OR.

449. Même buste et même légende.

℞ VICTOR. ANTONINI AVG. Victoire courant à droite, tenant une couronne et une palme. (Même date.) (N° 288.) T.B. OR.

450. IMP. ANTONINVS PIVS AVG. Même buste.

℞ LIB. AVG. II. (à l'exergue) P. M. TR. P. II. COS. II. P.P. (à l'entour). Élagabale assis à gauche, sur une estrade, tenant un parazonium; devant lui, la Libéralité debout, tenant une tessère et une corne d'abondance; au pied de l'estrade, un citoyen qui en monte les degrés. (972; de J.-C., 219.) (N° 74 var.) F.D.C. OR.

451. Même buste et même légende.

℞ ADVENTVS AVGVSTI. Élagabale à cheval à gauche, levant la main droite et tenant une haste. (971-972; de J.-C., 218-219.) (N° 5.) F.D.C. OR.

452. Même légende. Son buste lauré et cuirassé à droite.

℞ Même revers. (Même date.) (N° 4.) F.D.C. OR.

453. Même légende. Son buste lauré, drapé et cuirassé à droite.

℞ P. M. TR. P. III. COS. III. P.P. Élagabale assis à gauche sur une chaise curule, tenant un globe et un sceptre; dans le champ, une étoile. (973; de J.-C., 220.) (N° 166.) F.D.C. OR.

454. Même buste et même légende.

℞ P. M. TR. P. III. COS. III. P.P. Élagabale dans un quadrige au pas à gauche, tenant un rameau et un sceptre; dans le champ, une étoile. (Même année.) (N° 171.) T.B. OR.

455. Même buste et même légende.

℞ CONSERVATOR AVG. Quadrige au pas à gauche, sur lequel est la pierre conique Élagabale ornée d'un aigle; dans le champ, une étoile. (Même année?) (N° 18.) T.B. OR.

456. Même légende. Son buste lauré, cornu, drapé et cuirassé à droite.

℞ INVICTVS SACERDOS AVG. Élagabale cornu, debout à gauche auprès d'un autel allumé, tenant une patère et une massue; dans le champ, une étoile en forme de comète. (974; de J.-C., 221.) (Var. Inéd.) F.D.C. OR.

457. Même légende. Son buste lauré, drapé et cuirassé à droite.

℞ P. M. TR. P. IIII. COS. III. P.P. Le Soleil debout de face regardant à gauche, le pied droit posé sur un rocher?, levant la main droite, et de la gauche tenant un fouet et un manteau; dans le champ, une étoile. (Même année.) (N° 183.) T.B. OR.

458. Même légende. Son buste lauré, cornu et drapé à droite.

℞ P. M. TR. P. V. COS. IIII. P.P. Élagabale dans un quadrige au pas à gauche, tenant un rameau et un sceptre. (975; de J.-C., 222.) (N° 217.) F.D.C. OR.

Monnaies de fabrique orientale ayant un poids supérieur.

459. ANTONINVS PIVS FEL. AVG. Son buste lauré drapé et cuirassé à droite.

℞ SOLI PROPVGNATORI. Le Soleil radié marchant à droite avec le manteau flottant, tenant un foudre de la main droite et tendant le bras gauche. (N° 272.) Poids, 7 gr. 40 c. T.B. OR.

460. IMP. C. M. AVR. ANTONINVS P. F. AVG. Même buste.

℞ RECTOR ORBIS. Élagabale lauré, nu debout à gauche, le manteau sur l'épaule gauche, tenant un globe et une haste renversée. (Inédite.) Mod. 5 1/2. Poids, 7 gr. 30. T.B. OR.

SOÉMIAS

(Mère d'Élagabale.)

461. IVLIA SOAEMIAS AVG. Son buste à droite.

℞ VENVS CAELESTIS. Vénus diadémée debout à gauche, tenant une pomme et un sceptre ; dans le champ, une étoile (N° 9.) Monnaie de première rareté. Trouée. T.B. OR.

MAESA

(Aïeule d'Élagabale.)

462. IVLIA MAESA AVG. Son buste diadémé à droite.

℞ IVNO. Junon debout à gauche, tenant une patère et un sceptre ; à ses pieds, un paon. (N° 19.) (Fabrique syrienne.) Monnaie de première rareté. T.B. OR.

ALEXANDRE SÉVÈRE

(975-988 ; de J.-C., 222-235.)

463. IMP. C. M. AVR. SEV. ALEXAND. AVG. Son buste jeune lauré, drapé et cuirassé à droite.

℞ P. M. TR. P. COS. P.P. Jupiter nu avec le manteau déployé derrière lui, debout à gauche, tenant un foudre et un sceptre. (975 ; de J.-C., 222.) (N° 203.) T.B. OR.

464. Même buste et même légende.

℟ P. M. TR. P. COS. P.P. Alexandre dans un quadrige au pas à gauche, tenant un rameau et un sceptre. (Même année.) (N° 225.) T.B. OR.

465. Même buste et même légende.

℟ LIBERALITAS AVGVSTI. La Libéralité debout à gauche, tenant une tessère et une corne d'abondance. (Même année ?) (N° 110.) F.D.C. OR.

466. Même buste et même légende.

℟ MARTI PACIFERO. Mars en habit militaire debout à gauche, tenant une branche d'olivier et une haste renversée. (975-976 ; de J.-C., 222-223.) (N° 172.) F.D.C. OR.

467. Même buste et même légende.

℟ PAX AETERNA AVG. La Paix debout à gauche, tenant une branche d'olivier et un sceptre. (Même date.) (N° 182.) T.B. OR.

468. Même légende. Son buste lauré et drapé à droite.

℟ P. M. TR. P. II. COS. P.P. La Santé assise à gauche, nourrissant un serpent enroulé autour d'un autel. (976 ; de J.-C., 223.) (N° 240.) F.D.C. OR.

469. Même légende. Son buste lauré, drapé et cuirassé à droite.

℟ LIBERALITAS AVG. II. La Libéralité debout à gauche, tenant une tessère et une corne d'abondance. (977 ; de J.-C., 224.) (N° 117.) F.D.C. OR.

470. Même légende. Son buste lauré et drapé à droite.

℟ P. M. TR. P. IIII. COS. P.P. Alexandre, en habit militaire, debout à gauche, tenant un globe et une haste renversée. (978 ; de J.-C., 225.) (N° 268.) F.D.C. OR.

471. Même buste et même légende.

℟ VIRTVS AVG. La Valeur casquée debout à droite, tenant

une haste renversée et s'appuyant sur un bouclier. (N° 575.) F.D.C. OR.

URANIUS ANTONIN

(vers 975 ; de J.-C., 222 ?)

472. L. IVL. AVR. SVLP. (LP en monogramme) ANTONINVS. Son buste lauré, drapé et cuirassé à gauche.

℞ CONSERVATOR AVG. Quadrige au pas à gauche, sur lequel est la pierre conique Élagabale, ornée d'un aigle et flanquée de deux parasols. (N° 2.) Poids, 5 gr. 50 c. Monnaie de première rareté. F.D.C. OR.

MAXIMIN Ier

(988-991 ; de J.-C., 234-238.)

473. IMP. MAXIMINVS PIVS AVG. Son buste lauré, drapé et cuirassé à droite.

℞ PROVIDENTIA AVG. La Providence debout à gauche, tenant une baguette et une corne d'abondance ; à ses pieds, un globe. (N° 74 var.) F.D.C. OR.

GORDIEN D'AFRIQUE PÈRE

(991 ; de J.-C., 238.)

474. IMP. CAES. M. ANT. GORDIANVS AFR. AVG. Son buste lauré, drapé et cuirassé à droite.

℞ ROMAE AETERNAE. Rome assise à gauche sur un bouclier, tenant une Victoire et un sceptre. (N° 7.) Unique. F.D.C. OR.

Cette monnaie est la seule pièce d'or connue de ce règne.

GORDIEN III, LE PIEUX

(991-996 ; de J.-C., 238-243.)

475. IMP. CAES. M. ANT. GORDIANVS AVG. Son buste lauré, drapé et cuirassé à droite.

℞ VICTORIA AVG. Victoire marchant à gauche, tenant une couronne et une palme. (991 ?; de J.-C., 238 ?.) (N° 356.) T.B. OR.

476. Même buste et même légende.

℞ FIDES MILITVM. La Fidélité debout à gauche, tenant une enseigne et un sceptre transversal. (991-992; de J.-C., 238-239.) (N° 85.) F.D.C. OR.

477. Même buste et même légende.

℞ LIBERALITAS AVG. II. La Libéralité debout à gauche, tenant une tessère et une double corne d'abondance. (992 ; de J.-C., 239.) (N° 129.) T.B. OR.

478. Même buste et même légende.

℞ P. M. TR. P. II. COS. P. P. Gordien voilé debout à gauche, sacrifiant sur un trépied et tenant un sceptre court. (Même année.) (N° 209.) F.D.C. OR.

479. IMP. CAES. GORDIANVS PIVS AVG. Même buste

℞ AEQVITAS AVG. L'Équité debout à gauche, tenant une balance et une corne d'abondance. (Même année.) (N° 21.) T.B. OR.

480. IMP. GORDIANVS PIVS FEL. AVG. Même buste.

℞ AETERNITATI AVG. Le Soleil à demi nu, debout de face, regardant à gauche, levant la main droite et tenant un globe. (Depuis 992 ; de J.-C., 239.) (N° 37.) T.B. OR.

481. Même buste et même légende.

℞ FORT. REDVX. La Fortune assise à gauche, tenant un gouvernail et une corne d'abondance ; sous le siège, une roue. (Même date.) (N° 96.) F.D.C. OR.

482. Même buste et même légende.

℞ VIRTVTI AVGVSTI. Hercule nu debout à droite, posant le revers de la main droite sur sa hanche et appuyée sur sa massue qui repose sur une tête de bœuf. (Même date.) (N° 407.) T.B. OR.

PHILIPPE PÈRE

(997-1002 ; de J.-C., 244-249.)

483. IMP. M. IVL. PHILIPPVS AVG. Son buste lauré, drapé et cuirassé à droite.

℞ P. M. TR. P.II. COS. P. P. Philippe assis à gauche sur une chaise curule, tenant un globe et un sceptre court. (998; de J.-C., 245.) (N° 119.) F.D.C. OR.

484. Même buste et même légende.

℞ LIBERALITAS AVGG. II. La Libéralité debout à gauche, tenant une tessère et une corne d'abondance. (1000?; de J.-C., 247.) (N° 86.) T.B. OR.

485. Même buste et même légende.

℞ AEQVITAS AVGG. L'Équité debout à gauche, tenant une balance et une corne d'abondance. (Même année ?) (N° 7.) F.D.C. OR.

486. IMP. PHILIPPVS AVG. Même buste.

℞ SAECVLARES AVGG. Cippe sur lequel on lit : COS. III. (1001 ; de J.-C., 248.) T.B. OR.

OTACILIE

(Femme de Philippe père.)

487. MARCIA OTACIL. SEVERA AVG. Son buste diadémé à droite.

℞ PIETAS AVG. La Piété debout à gauche, levant la main droite et tenant une boîte à parfums ; à ses pieds, un enfant debout. (N° 36.) F.D.C. OR.

PHILIPPE FILS CÉSAR

(997-1000; de J.-C., 244-247.)

488. M. IVL. PHILIPPVS CAES. Son buste nu-tête et drapé à droite.

℞ PRINCIPI IVVENT. Philippe, en habit militaire, debout à gauche, tenant un globe et une haste renversée. (997-999 ; de J.-C., 244-246.) (N° 46.) F.D.C. OR.

489. Même buste et même légende.

℞ PRINCIPI IVVENT. Philippe, en habit militaire, debout à droite, tenant un globe et une haste transversale. (Même date.) (N° 52.) F.D.C. OR.

TRAJAN DÈCE

(1002-1004; de J.-C., 249-251.)

490. IMP. C. M. Q. TRAIANVS DECIVS AVG. Son buste lauré, drapé et cuirassé à droite.

℞ ADVENTVS AVG. Trajan Dèce à cheval à gauche, levant la main droite et tenant un sceptre. (1002 ; de J.-C., 249.) (N° 3.) Trou rebouché. B. OR.

491. Même légende. Son buste lauré et cuirassé à droite.

℞ ABVNDANTIA AVG. L'Abondance debout à droite, vidant sa corne. (1002-1004; de J.-C., 249-251.) (N° 1.) Trou rebouché. TB. OR.

492. Même buste et même légende.

℞ GENIVS EXERC. ILLVRICIANI. Génie à demi nu debout à gauche, coiffé du modius, tenant une patère et une corne d'abondance ; à droite, une enseigne militaire. (N° 48.) Trou rebouché. T.B. OR.

493. La même médaille. T.B. OR.

494. Même buste et même légende.

℞ PANNONIAE. Les deux Pannonies voilées debout, en femmes, se tournant le dos et tenant chacune une enseigne militaire. (N° 85.) Trouée. T.B. OR.

495. Même buste et même légende.

℞ VBERITAS. La Fertilité debout à gauche, tenant une bourse et une corne d'abondance. (N° 104.) T.B. OR.

496. Même légende. Son buste lauré, drapé et cuirassé à droite.

℞ VICTORIA AVG. Victoire marchant à pas précipités à gauche, tenant une couronne et une palme. (N° 107.) F.D.C. OR.

ETRUSCILLE
(Femme de Trajan Dèce.)

497. HER. ETRVSCILLA AVG. Son buste diadémé à droite.

℞ PVDICITIA AVG. La Pudeur debout à gauche, relevant son voile et tenant un sceptre transversal. (N° 16.) F.D.C. OR.

498. Même buste et même légende.

℞ PVDICITIA AVG. La Pudeur assise à gauche, ramenant son voile sur sa figure et tenant un sceptre transversal. (N° 18.) F.D.C. OR.

HÉRENNIUS CÉSAR
(1002-1003; de J.-C. 249-250.)

499. Q. HER. ETR. M. DECIVS NOB. C. Son buste nu-tête et drapé à droite.

℞ PRINCIPI IVVENTVTIS. Hérennius debout à gauche, en habit militaire, tenant une baguette et une haste transversale. (N° 25.) Trou rebouché. F.D.C. OR.

HOSTILIEN CÉSAR
(1002-1003; de J.-C. 249-250?)

500. C. VALES HOSTIL. MES. QVINTVS. N. C. Son buste nu-tête et drapé à droite.

℞ PRINCIPI IVVENTVTIS. Hostilien, en habit militaire, debout à gauche, tenant une baguette et une haste transversale. (N° 37 var.) F.D.C. OR.

TRÉBONIEN GALLE
(1004-1007?; de J.-C, 251-254.)

501. IMP. CAE. C. VIB. TREB. GALLVS AVG. Son buste lauré et drapé à droite.

℞ AEQVITAS AVGG. L'Équité debout à gauche, tenant une balance et une corne d'abondance. (N° 8.) F.D.C. OR.

502. Même buste et même légende.

℞ LIBERTAS AVGG. La Liberté debout à gauche, tenant un bonnet et un sceptre. (N° 60.) Trouée. B. OR.

503. Même légende. Son buste radié, drapé et cuirassé à droite.

℞ FELICITAS PVBLICA. La Félicité debout à gauche, tenant un caducée et une corne d'abondance. (N° 36.) Poids de deux aurei laurés, 5 gr. 98. Mod. 5 1/2. Trou rebouché. F.D.C. OR.

VOLUSIEN

(1004-1007 ?; de J.-C., 251-254 ?)

504. IMP. CAE. C. VIB. VOLVSIANO AVG. Son buste lauré et drapé à droite.

℞ AEQVITAS AVGG. L'Équité debout à gauche, tenant une balance et une corne d'abondance. (N° 6.) T.B. OR.

505. Même légende. Son buste radié, drapé et cuirassé à droite.

℞ CONCORDIA AVGG. La Concorde assise à gauche, tenant une patère et une double corne d'abondance. (N° 24.) Poids de deux aurei laurés, 6 gr. Mod. 5 1/2. T.B. OR.

506. IMP. C. V. AF. GAL. VEND. VOLVSIANO AVG. Son buste lauré, drapé et cuirassé à droite; derrière, deux points.

℞ LIBERTAS AVGG. La Liberté debout à gauche, les jambes croisées, tenant un bonnet et un sceptre transversal et appuyée sur une colonne. (N° 56.) Fabrique orientale. Poids, 6 gr. T.B. OR.

507. IMP. CAE. C. VIB. VOLVSIANO AVG. Son buste lauré et drapé à droite.

℞ VIRTV.. AVGG. La Valeur casquée debout à gauche, appuyée sur un bouclier et tenant une haste. (N° 134.) Trou rebouché. T.B. OR.

VALÉRIEN PÈRE

(1006-1013 ; de J.-C., 253-260.)

508. IMP. C. P. LIC. VALERIANVS AVG. Son buste lauré et drapé à droite.

℞ P. M. TR. P. II. COS. P. P. Mars debout à gauche, en habit militaire, appuyé sur un bouclier et tenant une haste renversée. (1007 ; de J.-C., 254.) (N° 158.) F.D.C. OR.

509. Même légende. Son buste radié et cuirassé à droite.

℞ P. M. TR. P. III. COS. III. P.P. Valérien voilé debout à droite, sacrifiant sur un trépied allumé, et tenant un sceptre surmonté d'un aigle. (1008 ; de J.-C., 255.) (N° 161.) Poids, 5 gr. Mod. 6. F.D.C. OR.

510. IMP. C. P. LIC. VALERIANVS AVG. Son buste lauré et drapé à droite.

℞ IOVI CONSERVA. Jupiter nu debout à gauche, avec le manteau sur l'épaule gauche tenant un foudre et un sceptre. (N° 82.) F.D.C. OR.

511. IMP. C. P. LIC. VALERIANVS P. F. AVG. Même buste.

℞ LIBERALITAS AVGG. III. Valérien et Gallien assis à gauche, chacun sur une chaise curule ; entre eux, une figure debout. (N° 124.) T.B. OR.

512. Même buste et même légende.

℞ ORIENS AVGG. Le Soleil radié à demi nu debout à gauche, levant la main droite et tenant un fouet. (N° 133.) Poids, 2 gr. 60 c. T.B. OR. Q. ?

513. Même buste et même légende.

℞ PAX AVGG. La Paix courant à gauche, tenant une branche d'olivier et un sceptre. (N° 143.) F.D.C. OR.

GALLIEN ASSOCIÉ A L'EMPIRE

(1006-1013; de J.-C., 253-260.)

514. IMP. C. P. LIC. GALLIENVS P. F. AVG. Son buste lauré et cuirassé à droite.

℞ FELICITAS AVGG. La Félicité debout à gauche, tenant un caducée et une corne d'abondance. (N° 194.) F.D.C. OR.

515. Même légende et même buste.

℞ LIBERALITAS AVGG. III. La Libéralité debout à gauche, tenant une tessère et une corne d'abondance. (N° 578.) F.D.C. OR.

516. IMP. C. P. LIC. GALLIENVS AVG. Même buste.

℞ VICTORIA AVGG. Victoire debout à gauche, appuyée sur un bouclier et tenant une palme. (N° 1142.) F.D.C. OR.

517. IMP. GALLIENVS P. F. AVG. GERM. Même buste.

℞ VIRTVS AVGG. Mars marchant à droite, portant une haste et un trophée. (N° 1271.) T.B. OR.

GALLIEN EMPEREUR

(1013-1021; de J.-C., 260-268.)

518. GALLIENVS AVG. Sa tête laurée à droite.

℞ AEQVITAS AVG. L'Équité debout à gauche, tenant une balance et une corne d'abondance. (N° 21.) B. OR.

519. Même légende. Son buste lauré, drapé et cuirassé à droite.

℞ AETERNITAS AVG. Le Soleil radié à demi nu debout de face, regardant à gauche, levant la main droite et tenant un globe. (N° 43.) Très petit module; poids, 1 gr. B. OR.

520. GALLIENAE AVGVSTAE. Sa tête à gauche, couronnée d'épis.

℞ VICTORIA AVG. Gallien, en habit militaire, debout à gauche, tenant un globe et un sceptre transversal et couronné par la Victoire debout qui tient une palme. (N° 1111.) F.D.C. OR.

Monnaies sans dates certaines.

521. GALLIENVS AVG. Sa tête radiée à droite.

℞ FID. MILITVM. La Fidélité debout de face regardant à gauche, et tenant deux enseignes militaires. (N° 208.) T.B. OR.

522. Même légende. Son buste lauré et cuirassé à droite.

℞ FIDES MILITVM. Même type. Médaillon encadré dans un très beau cercle orné et avec bélière. (N° 232.) T.B. OR. M.

523. GALLIENVS P. F. AVG. Son buste lauré, drapé et cuirassé à droite.

℞ FORTVNA REDVX. La Fortune debout à gauche, tenant un gouvernail posé sur un globe et une corne d'abondance; dans le champ, S. (N° 274.) T.B. OR.

524. IMP. C. P. LIC. GALLIENVS AVG. Son buste lauré, drapé et cuirassé à droite.

℞ IOVI CONSERVATORI. Jupiter nu debout à gauche, le manteau sur l'épaule gauche, tenant un foudre et un sceptre. (N° 368.) T.B. OR.

525. GALLIENVS AVG. Sa tête laurée à droite.

℞ IOVI STATORI. Jupiter nu debout de face, regardant à droite, tenant un sceptre et un foudre. (N° 393.) T.B. OR. Q.

526. IMP. GALLIENVS P.F. AVG. G. M. Son buste lauré, drapé et cuirassé à droite.

℞ RESTITVTOR ORBIS. Gallien, en habit militaire, debout à gauche, tenant un sceptre et relevant une femme tourelée et agenouillée. (N° 910.) F.D.C. OR.

527. GALLIENVS. P. F. AVG. Sa tête laurée à gauche.

℞ VICTORIA AET. Victoire debout à gauche, tenant une couronne et une palme. (N° 1068.) F.D.C. OR.

SALONINE

(Femme de Gallien.)

528. SALONINA AVG. Son buste diadémé et drapé à droite.

℞ FELICITAS PVBLICA. La Félicité assise à gauche, tenant un caducée et une corne d'abondance. (N° 49.) T.B. OR.

529. CORN. SALONINA AVG. Même buste.

℞ VENERI GENETRICI. Vénus debout à gauche, tenant une pomme et un sceptre. (N° 111.) F.D.C. OR.

SALONIN CÉSAR

(1006-1012 ; de J.-C., 253-259.)

530. SALON. VALERIANVS CAES. Son buste radié et drapé à droite.

℞ PIETAS AVG. Bâton d'augure, couteau de sacrificateur, vase à sacrifice, tourné à gauche, simpule et aspersoir. (N° 40.) Mod. 5. Poids, 5 gr. 20 c. F.D.C. OR. M.

531. LIC. COR. SAL. VALERIANVS N. CAES. Son buste nu-tête et drapé à droite.

℞ PRINCIPI IVVENTVTIS. Salonin, en habit militaire, debout à gauche, tenant une enseigne et un sceptre. (N° 82.) F.D.C. OR.

532. P. CL. VALERIANVS NOB. CAES. Même buste.

℞ Même revers. (N° 79 var.) F.D.C. OR.

VALÉRIEN JEUNE

(1013-1021 ; de J.-C., 260-268.)

533. VALERIANVS P. F. AVG. Son buste lauré et drapé à droite.

℞ ORIENS. AVGG. Le Soleil radié à demi nu debout à gauche, levant la main droite et tenant un globe. (N° 4.) F.D.C. OR.

EMPEREURS DES GAULES

POSTUME

(1011-1020 ; de J.-C., 258-267.)

534. IMP. C. POSTVMVS P. F. AVG. Son buste lauré, drapé et cuirassé à droite.

℞ P. M. TR. P. COS. P.P. Lion marchant à gauche, tenant un foudre dans sa gueule. (1011 ; de J.-C., 258.) (N° 237.) F.D.C. OR.

535. POSTVMVS AVG. Son buste casqué et cuirassé à gauche ; le casque est orné d'un bige.

℞ P. M. G. M. T. P. COS. III. P.P. Trophée au pied duquel sont deux captifs assis dos à dos. (1015 ; de J.-C., 262.) (N° 232 var.) T.B. OR.

536. POSTVMVS PIVS AVG. Sa tête laurée à droite.

℞ QVINQVENNALES POSTVMI AVG. Victoire debout à droite, posant le pied sur un rocher et tenant sur son genou gauche un bouclier sur lequel elle écrit X. (Même année.) (N° 308.) Trouée. T.B. OR.

Monnaies sans dates certaines.

537. IMP. C. POSTVMVS P. F. AVG. Son buste lauré et cuirassé à gauche.

℞ AETERNITAS AVG. Trois bustes radiés imberbes, dont un de face entre deux en regard. (N° 5.) F.D.C. OR.

538. POSTVMVS PIVS FELIX AVG. Tête laurée de Postume à droite accolée au buste lauré d'Hercule.

℞ CONSERVATORES AVG. Buste de Mars (Postume) casqué, drapé et cuirassé à droite, accolé au buste de la Victoire tenant une couronne et une palme. (N° 23.) F.D.C. OR.

539. POSTVMVS PIVS FELIX AVG. Tête laurée de Postume à droite accolée au buste d'Hercule.

℞ FELICITAS AVG. Buste lauré de la Victoire ailée à droite, tenant une couronne et une palme, accolé au buste diadémé de la Félicité qui tient une branche d'olivier. (N° 45.) F.D.C. OR.

540. IMP. C. POSTVMVS P. F. AVG. Son buste lauré, drapé et cuirassé à droite.

℞ HERC. DEVSONIENSI. Hercule nu debout de face, regardant à droite, appuyé sur sa massue et tenant un arc ; la peau du lion repose sur son bras gauche. (N° 90.) T.B. OR.

541. Même buste et même légende.

℞ NEPT. COMITI. Neptune nu debout à gauche, le manteau sur le bras gauche, posant le pied droit sur une proue de vaisseau et tenant un dauphin et un trident. (N° 204.) T.B. OR.

542. POSTVMVS PIVS AVG. Sa tête laurée à droite.

℞ PROVIDENTIA AVG. La Providence debout à gauche, les jambes croisées, indiquant avec une baguette un globe qui est terre, tenant une corne d'abondance et s'appuyant sur une colonne. (N° 300.) T.B. OR.

543. Même légende. Sa tête laurée et radiée à droite.

℞ SALVS POSTVMI AVG. La Santé debout à droite nourrissant un serpent, et Esculape marchant à gauche et se retournant, celui-ci appuyé sur un bâton autour duquel est enroulé un serpent. (N° 349.) F.D.C. OR.

544. IMP. C. POSTVMVS P.F. AVG. Son buste lauré, drapé et cuirassé à droite.

℞ VICTORIA AVG. Victoire tenant un fouet dans un bige au galop à droite. (N° 397.) F.D.C. OR.

545. Même buste et même légende.

℞ VIRTVS POSTVMI AVG. Buste de Postume à droite avec un casque très orné et la cuirasse. (N° 447.) T.B. OR.

LÉLIEN

(1020; de J.-C., 267.)

546. IMP. C. LAELIANVS P.F. AVG. Son buste lauré et cuirassé à droite.

℞ TEMPORVM FELICITAS. L'Espagne couchée à gauche, tenant une branche d'olivier ; derrière elle, un lapin. (N° 3.) F.D.C. OR.

547. Même buste et même légende.

℞ VIRTVS MILITVM. La Valeur en robe longue debout de face, regardant à gauche, tenant une haste et une enseigne sur laquelle on lit XXX. (N° 9.) F.D.C. OR.

VICTORIN PÈRE

(1018-1020; de J.-C., 265-267.)

548. IMP. CAES. VICTORINVS P.F. AVG. Son buste lauré à droite.

℞ COMES AVG. Victoire debout à gauche, tenant une couronne et une palme. (N° 16.) Trou rebouché. T.B. OR.

549. IMP. C. VICTORINVS P.F. AVG. Son buste lauré et cuirassé à gauche, armé d'une haste et d'un bouclier sur lequel on voit un guerrier terrassant un ennemi.

℞ INVICTVS AVG. Victorin à cheval à droite, frappant de sa lance un ennemi terrassé. (N° 51.) Très beau style. F.D.C. OR.

550. Même légende. Tête laurée de Victorin à gauche accolée au buste radié du Soleil.

℞ LEG. XXX. VLP. VICT. P.F. Jupiter nu debout de face regardant à gauche, portant son manteau sur le bras gauche, et tenant un sceptre et un foudre; un capricorne vient à sa rencontre. (N° 72.) F.D.C. OR.

551. IMP. CAES. VICTORINVS P.F. AVG. Son buste lauré, drapé et cuirassé à gauche.

℞ PROVIDENTIA AVG. Tête de Méduse de face. (N° 105.) F.D.C. OR.

552. IMP. VICTORINVS P.F. AVG. Son buste lauré et cuirassé à gauche, armé d'une haste et d'un bouclier sur lequel on voit un guerrier terrassant un ennemi.

℞ VOTA AVGVSTI. Bustes en regard de Victorin jeune? (sous les traits d'Apollon), lauré et drapé, et de Diane avec un arc sur l'épaule (sous les traits de Victorine?) (N° 137.) Trou rebouché. T. B. OR.

TÉTRICUS PÈRE

(1021-1026; de J.-C., 268-273.)

553. IMP. TETRICVS AVG. Son buste lauré et cuirassé à gauche, tenant un sceptre et un bouclier sur lequel on voit deux combattants.

℞ PAX AETERNA. La Paix debout à gauche, tenant une branche d'olivier et un sceptre. (N° 94.) F.D.C. OR.

554. IMP. TETRICVS PIVS AVG. Son buste lauré, drapé et cuirassé à droite.

℞ SPES PVBLICA. L'Espérance marchant à gauche, tenant une fleur et relevant sa robe. (N° 166.) F.D.C. OR.

CLAUDE II

(1021-1023; de J.-C., 268-270.)

555. IMP. CLAVDIVS P.F. AVG. Son buste lauré, drapé et cuirassé à droite.

℞ PAX EXERC. La Paix debout à gauche, tenant une branche d'olivier et un sceptre transversal. (N° 207.) F.D.C. OR.

556. IMP. CLAVDIVS AVG. Sa tête laurée à gauche.

℞ VICTORIA AVG. Victoire debout de face, regardant à gauche, tenant une couronne et une palme, entre un captif à genoux qui lui tend les mains et un autre captif assis, les mains liées derrière le dos. (N° 296.) Trou rebouché. F.D.C. OR.

QUINTILLE

(1023 ; de J.-C., 270.)

557. IMP. C.M. AVR. CL. QVINTILLVS AVG. Son buste lauré, drapé et cuirassé à droite; derrière, deux points.

℞ CONCORD. EXER. La Concorde debout à gauche, tenant une enseigne militaire et une corne d'abondance. (N° 10.) Poids, 6 gr. 15 cent. Unique. F.D.C. OR.

AURÉLIEN

(1023-1028; de J.-C., 270-275.)

558. IMP. C.L. DOM. AVRELIANVS P.F. AVG. Son buste radié et cuirassé à droite.

℞ ADVENTVS AVG. Aurélien, en habit militaire, à cheval à gauche, levant la main droite et tenant une haste renversée. (N° 2.) Poids, 7 gr. 75 cent. F.D.C. OR. M.

559. IMP. C.L. DOM. AVRELIANVS AVG. Même buste; derrière, deux points.

℞ APOLLINI CONS. Apollon nu, debout à gauche, le coude gauche appuyé sur une colonne, posant la main droite sur sa tête et tenant un rameau d'olivier de la main gauche. (N° 13.) Poids, 6 gr. 65 cent. F.D.C. OR.

560. Même légende. Son buste lauré, drapé et cuirassé à droite.

℞ CONCORD. LEGI. La Concorde debout à gauche, entre quatre enseignes militaires. (N° 21.) F.D.C. OR.

561. IMP. C. AVRELIANVS AVG. Même buste.

℞ FIDES MILI. La Foi debout de face regardant à gauche, tenant deux enseignes militaires. (N° 80.) T.B. OR.

562. IMP. C.L. DOM. AVRELIANVS AVG. Son buste radié et cuirassé à droite.

℞. GENIVS ILLVR. Génie coiffé du modius debout à gauche, tenant une patère et une corne d'abondance; derrière lui, une enseigne militaire. (N° 101.) F.D.C. OR.

563. IMP. AVRELIANVS AVG. Son buste lauré et cuirassé à droite.

℞. VIRTVS AVG. Mars nu avec le manteau flottant, marchant à droite, portant une haste et un trophée. (N° 262.) F.D.C. OR.

564. IMP. C.L. DOM. AVRELIANVS P.F. AVG. Même buste.

℞ VIRTVS AVG. Mars nu avec le manteau flottant, marchant à droite, portant une haste et un trophée; à ses pieds, un captif assis, les mains liées derrière le dos. (N° 270.) F.D.C. OR.

TACITE

(1028-1029; de J.-C., 275-276.)

565. M. CL. TACITVS P.F. AVG. Son buste lauré à gauche, à mi corps, combattant avec une haste et portant sur l'épaule gauche une cuirasse ornée de deux têtes, une de face et l'autre de profil.

℞ ROMAE AETERNAE. Rome assise à gauche sur un bouclier, tenant une Victoire et un sceptre; à l'exergue, S.C. (N° 113.) F.D.C. OR.

566. IMP. CL. TACITVS AVG. Son buste lauré, drapé et cuirassé à droite.

℞. ROMAE AETERNAE. Rome assise à gauche, tenant un globe et un sceptre; à côté du siège, un bouclier. (N° 119.) T.B. OR.

567. IMP. C.M. CL. TACITVS P. AVG. Même buste.

℞ Même revers. (N° 122 var.) F.D.C. OR.

568. IMP. C.M. CL. TACITVS AVG. Même buste.

℞ VICTORIA AVG. Victoire debout à gauche, tenant une couronne et une palme. (N° 150.) F.D.C. OR.

FLORIEN

(1029; de J.-C., 276.)

569. IMP. C. FLORIANVS AVG. Son buste lauré, drapé et cuirassé à droite.

℞. CONSERVATOR AVG. Le Soleil radié à demi nu dans un quadrige au galop à gauche, tenant un fouet. (N° 17.) T.B. OR.

PROBUS

(1029-1035; de J.-C., 276-282.)

570. IMP. C.M. AVR. PROBVS P. AVG. Son buste lauré et cuirassé à gauche avec l'égide.

℞ CONSERVAT. AVG. Le Soleil radié à demi nu debout de face, regardant à gauche, levant la main droite et tenant un globe. (N° 178.) F.D.C. OR.

571. PROBVS P. AVG. Son buste lauré et cuirassé à droite.

℞. MARS VLTOR. Mars, en habit militaire, avec le manteau flottant, courant à droite, tenant une haste et un bouclier. (N° 348.) T.B. OR. Q.

572. IMP. C.M. AVR. PROBVS AVG. Son buste lauré, drapé et cuirassé à droite.

℞ ORIENS AVGVSTI. Le Soleil radié à demi nu debout de face, regardant à gauche, levant la main droite et tenant un globe; à l'exergue, SIS. (N° 392.) F.D.C. OR.

573. Même buste et même légende.

℞. SECVRITAS SAECVLI. La Sécurité assise à gauche, tenant un sceptre et soutenant sa tête de sa main gauche; à l'exergue, SIS. (N° 629.) F.D.C. OR.

574. IMP. C.M. AVR. PROBVS P. AVG. Même buste.

℞ Même revers. (N° 630.) Poids, 6 gr. 80. T.B. OR.

575. IMP. PROBVS AVG. Son buste casqué et cuirassé à gauche, tenant une épée et un bouclier sur lequel sont représentés l'empereur à cheval et un captif.

℞ SOLI INVICTO COMITI AVG. Buste radié et drapé du Soleil à droite. (N° 696.) Poids, 7 gr. 60. T.B. OR.

576. Même buste et même légende.

℞ VICTORIA GERM. Trophée entre deux captifs assis les mains liées derrière le dos. (N° 762.) Poids, 7 gr. F.D.C. OR.

577. IMP. PROBVS AVG. Son buste lauré et cuirassé avec l'égide à gauche, tenant une épée.

℞ Même revers. (N° 763.) B. OR.

578. IMP. C.M. AVR. PROBVS AVG. Son buste lauré et cuirassé à gauche.

℞ VICTORIA PROBI AVG. Victoire marchant à droite, tenant une couronne et une palme; à droite, un trophée entre deux captifs assis, les mains liées derrière le dos. (N° 779 var.) F.D.C. OR.

579. IMP. C. M. AVR. PROBVS P. AVG. Son buste casqué et cuirassé à gauche, tenant une haste et un bouclier.

℞. VICTORIAE AVG. Victoire debout dans un quadrige au pas à gauche, tenant une couronne et une palme. (N° 784.) F.D.C. OR.

580. IMP. C. M. AVR. PROBVS AVG. Son buste lauré et drapé à droite.

℞ VIRTVS PROBI AVG. Probus, en habit militaire, debout à droite, tenant une haste et un parazonium et posant le pied sur le dos d'un captif; derrière lui, un autre captif suppliant à genoux. (N° 906.) T.B. OR.

581. Même buste et même légende.

℞ Même revers, mais l'empereur tourné à gauche. (Inédite.) T.B. OR.

582. IMP. C. M. AVR. PROBVS P. F. AVG. Son buste casqué et cuirassé à droite.

℞ VIRTVS PROBI AVG. Probus à cheval galopant à droite, tenant un bouclier et perçant de sa lance un ennemi terrassé; sous le cheval, un bouclier. (N° 909.) T.B. OR.

583. IMP. C. M. AVR. PROBVS AVG. Son buste lauré et drapé à droite.

℞ VIRTVTI AVGVSTI. Hercule nu debout à droite, posant le revers de sa main droite sur son flanc, et appuyé sur une massue enveloppée de la peau du lion. (N° 943.) T.B. OR.

CARUS

(1035-1036; de J.-C., 282-283.)

584. IMP. C. M. AVR. CARVS P. F. AVG. Son buste lauré, drapé et cuirassé à droite.

℞ SPES PVBLICA. L'Espérance marchant à gauche, tenant une fleur et relevant sa robe. (N° 76.) Trou rebouché. T.B. OR.

585. Même buste et même légende.

℞ VICTORIA AVG. Victoire debout à gauche, sur un globe, tenant une couronne et une palme. (N° 84.) Trou rebouché. F.D.C. OR.

NUMÉRIEN

(1035-1037; de J.-C., 282-284.)

586. IMP. C. NVMERIANVS AVG. Son buste lauré et cuirassé à droite.

℞ ORIENS AVGG. Le Soleil debout de face, regardant à gauche, levant la main droite et tenant un globe. (1037; de J.-C., 284.) (N° 34.) F.D.C. OR.

587. IMP. NVMERIANVS P. F. AVG. Son buste lauré, drapé et cuirassé à droite.

℞ SALVS AVGG. La Santé assise à gauche, nourrissant un serpent enlacé autour d'un autel. (Même année.) (N° 86.) F.D.C. OR.

588. IMP. C. NVMERIANVS P. F. AVG. Même buste.

℞ VICTORIA AVGG. Victoire marchant à gauche, tenant une couronne et une palme. (Même année.) (N° 96.) F.D.C. OR.

CARIN CÉSAR

(1035-1036; de J.-C., 282-283.)

589. M. AVR. CARINVS NOB. CAES. Son buste lauré, drapé et cuirassé à droite.

℞ PAX AETERNA. La Paix marchant à gauche, tenant une branche d'olivier et un sceptre transversal. (1035; de J.-C., 282.) (N° 62.) F.D.C. OR.

590. Même buste et même légende.

℞ VICTORIA AVG. Victoire debout à gauche sur un globe, tenant une couronne et un trophée. (Même année.) (N° 139 var.) F.D.C. OR.

CARIN EMPEREUR

(1036-1038; de J.-C., 283-285.)

591. IMP. C. M. AVR. CARINVS P. F. AVG. Son buste lauré, drapé et cuirassé à droite.

℞ VENERI VICTRICI. Vénus debout à gauche, tenant une Victoire et une pomme. (1037; de J.-C., 284.) (N° 130.) F.D.C. OR.

592. IMP. CARINVS P. F. AVG. Son buste lauré et cuirassé à droite.

℞ VIRTVS AVGG. Hercule nu debout à droite, posant le revers de sa main droite sur sa hanche et s'appuyant sur sa massue placée sur un rocher et enveloppée de la peau du lion. (Même année.) (N° 163.) F.D.C. OR.

MAGNIA URBICA

(Femme de Carin.)

593. MAGNIA VRBICA AVG. Son buste diadémé à droite.

℞ VENERI VICTRICI. Vénus diadémée debout à droite, relevant la draperie de sa robe sur son épaule droite et tenant un globe. (N° 8.) F.D.C. OR.

NIGRINIEN

(Fils de Carin ?)

594. DIVO NIGRINIANO. Sa tête nue à droite.

℞ CONSECRATIO. Bûcher à quatre étages orné de draperies et de statues ; au-dessus, Nigrinien dans un bige. (N° 1.) Monnaie de première rareté. F.D.C. OR.

JULIEN

(1037-1038 ; de J.-C., 284-285.)

595. IMP. C. IVLIANVS P. F. AVG. Son buste lauré, drapé et cuirassé à droite.

℞ LIBERTAS PVBLICA. La Liberté debout à gauche, tenant un bonnet et une corne d'abondance ; dans le champ, une étoile. (N° 3.) F.D.C. OR.

TÉTRARCHIE

DIOCLÉTIEN

(1037-1058 ; de J.-C., 284-305.)

596. IMP. C. C. VAL. DIOCLETIANVS P. F. AVG. Son buste lauré, drapé et cuirassé à droite.

℞ IOVI CONSERVATORI AVG. Jupiter nu debout à gauche, le manteau déployé derrière lui, tenant un foudre et un sceptre ; à ses pieds, une couronne. (1038 ; de J.-C., 285.) (N° 272.) F.D.C. OR.

597. Même buste et même légende.

℞ ORIENS AVG. Le Soleil radié marchant à gauche, levant la main droite et tenant un fouet. (Mème année.) (N° 349 var.) T.B. OR.

598. Même buste et même légende.

℞ VICTORIA AVG. Victoire marchant à droite, tenant une couronne et une palme ; dans le champ, O ; à l'exergue, SMA. (Même année.) (N° 469.) T.B. OR.

599. DIOCLETIANVS AVGVSTVS. Sa tête laurée à droite.

℞ COS. IIII. Dioclétien à cheval au pas à droite, en habit militaire, levant la main droite. (1043 ; de J.-C., 290.) (N° 55.) T.B. OR.

600. DIOCLETIANVS AVG. COS. IIII. P.P. Son buste lauré à gauche avec le manteau impérial, tenant un sceptre surmonté d'un aigle.

℞ IOVI VLTORI. Jupiter nu debout à gauche avec le manteau sur l'épaule, tenant un foudre et un sceptre ; à ses pieds, un aigle ; dans le champ, Σ ; à l'exergue, SMA. (Même année.) (N° 309.) F.D.C. OR.

Monnaies sans dates certaines.

601. DIOCLETIANVS AVGVSTVS. Sa tête laurée à gauche.

℞ CONCORDIAE AVGG. NN. Dioclétien et Maximien assis à gauche, tenant chacun un globe et un parazonium et couronnés par une Victoire qui est debout entre eux. (Depuis 1039 ; de J.-C., 286.) (N° 38.) T.B. OR.

602. IMP. C. C. VAL. DIOCLETIANVS AVG. Son buste lauré, drapé et cuirassé à droite ; derrière, deux points.

℞ FATIS VICTRICIBVS. Trois Fortunes debout, tenant chacune une corne d'abondance ; celle qui est placée à gauche se tourne à droite et tient un gouvernail en même temps que celle qui est au milieu et qui se tourne de son côté ; celle qui est placée à droite se tourne à gauche et s'appuie sur un gouvernail ; à l'exergue, SC. (N° 58.) B. OR.

603. IMP. C. C. VAL. DIOCLETIANVS P. F. AVG. Son buste lauré et cuirassé à droite.

℞ IOVI CONSERVAT. AVGG. Jupiter nu debout à gauche, avec le manteau déployé derrière lui, tenant un foudre et un sceptre. (Depuis 1039 ; de J.-C., 286.) (N° 216.) T.B. OR.

604. Même légende. Son buste lauré, drapé et cuirassé à droite.

℞ IOVI CONSERVATORI AVGG. Même type. (Même date.) (N° 278.) T.B. OR.

605. DIOCLETIANVS P. F. AVG. Sa tête laurée à droite.

℞ IOVI CONSERVAT. AVGG. Même type; à l'exergue, PROM. (Même date.) (N° 221 var.) F.D.C. OR.

606. IMP. DIOCLETIANVS AVG. Son buste lauré à gauche, armé d'une haste et d'un bouclier orné de la tête de Méduse.

℞ IOVI CONSERVATORI. Jupiter nu, debout à gauche, le manteau sur l'épaule, tenant un foudre et un sceptre. (N° 253.) F.D.C. OR.

607. DIOCLETIANVS AVG. Sa tête laurée à droite.

℞ IOVI CONSERVATORI. Tête laurée de Jupiter à droite ; à l'exergue, T R. (N° 269.) Médaille avec bélière. T.B. OR.

608. DIOCLETIANVS P. F. AVG. Sa tête laurée à droite.

℞ IOVI VICTORI. Jupiter marchant à gauche et regardant derrière lui, tenant un foudre et un aigle ; à l'exergue, P T. (N° 303.) T.B. OR.

609. IMP. C. C. VAL. DIOCLETIANVS P. F. AVG. Son buste lauré, drapé et cuirassé à droite.

℞ MARTI VLTORI. Mars, en habit militaire, marchant à droite en posture de combattant, tenant une haste et un bouclier. (N° 319.) Trou rebouché. T.B. OR.

610. DIOCLETIANVS AVG. Sa tête laurée à droite.

℞ PIETAS AVGG. ET CAESS. NN. La Piété debout de face, regardant à droite, tenant un enfant ; à ses pieds, un autre enfant debout ; à l'exergue, TR. (Depuis 1045 ; de J.-C., 292.) (N° 382.) T.B. OR.

611. Même tête et même légende.

℞ SECVRITAS ORBIS. La Sécurité debout à droite, les jambes croisées, posant la main droite sur sa tête et accoudée à une colonne. (N° 456.) T.B. OR.

612. IMP. C. C. VAL. DIOCLETIANVS P. F. AVG. Son buste lauré, drapé et cuirassé à droite.

℞ SOLI INVICTO. Le Soleil radié à demi nu, debout à gauche, levant la main droite et tenant un globe. (N° 457.) T.B. OR.

613. DIOCLETIANVS AVG. Sa tête laurée à droite.

℞ VIRTVS AVGG. Hercule nu debout à droite, posant le genou sur un cerf terrassé qu'il saisit par les cornes ; à l'exergue, TR. (Depuis 1039 ; de J.-C., 286.) (N° 506.) F.D.C. OR.

614. DIOCLETIANVS P. F. AVG. Même tête.

℞ VOTIS ROMANORVM. Deux Victoires debout, tenant un tableau sur lequel on lit : SIC. XX. SIC XXX ; à l'exergue, AQ. (N° 531.) F.D.C. OR. Q.

615. Même tête et même légende.

℞ VOT. XX. AVGG. en trois lignes dans une couronne au bas de laquelle est un aigle éployé. (N° 540.) T.B. OR.

616. Même tête et même légende.

℞ VOT. XX. SIC XXX. en quatre lignes dans une couronne de laurier. (N° 545.) T.B. OR.

617. DIOCLETIANVS AVGVSTVS. Sa tête laurée à droite.

℞ XX. DIOCLETIANI AVG. SMAQ. en cinq lignes dans une couronne de laurier. (N° 549.) F.D.C. OR.

MAXIMIEN HERCULE

(Première période du règne. 1039-1058 ; de J.-C., 286-305.)

618. MAXIMIANVS AVGVSTVS. Sa tête laurée à gauche.

℞ P. M. TR. P.P.P. Maximien, en habit militaire, debout à

gauche, entre quatre enseignes militaires, tenant une haste. (1039; de J.-C., 286.) (N° 467 var.) Trou rebouché. T.B. OR.

619. Même légende. Sa tête laurée à droite.

℞ CONSVL IIII P. P. PROCOS. Maximien lauré et en toge debout à gauche, tenant un globe; à l'exergue, SMAZ. (1046; de J.-C., 293.) (N° 80.) T.B. OR.

620. Même tête et même légende.

℞ CONSVL V. P. P. PROCOS. Maximien lauré et en toge debout à gauche tenant un globe et un parazonium; à l'exergue, SMAZ et étoile. (1052; de J.-C., 299.) (N° 82 var.) F.D.C. OR.

Monnaies sans dates certaines.

(1039-1058; de J.-C., 286-305.)

621. IMP. C. M. A. MAXIMIANVS AVG. Son buste lauré, drapé et cuirassé à droite.

℞ CONCORDIAE MILITVM. La Concorde debout de face, regardant à gauche, tenant de chaque main une enseigne militaire; à l'exergue, S.C. et étoile. (N° 60.) T.B. OR.

622. MAXIMIANVS AVG. Sa tête laurée à droite.

℞ HERCVLI CON. AVSS. Hercule nu debout de face, regardant à droite, appuyé sur sa massue et tenant quatre pommes; il porte la dépouille du lion sur le bras gauche; dans le champ, une étoile; à l'exergue, ALE. (N° 233.) T.B. OR.

623. Même tête et même légende.

℞ HERCVLI DEBELLAT. Hercule nu à gauche assommant l'hydre avec sa massue qu'il tient de la main droite, tandis qu'il en saisit une des têtes de la main gauche. (N° 256.) F.D.C. OR.

624. MAXIMIANVS P. F. AVG. Son buste lauré, drapé et cuirassé à droite.

℞ HERCVLI VICTORI. Hercule nu de face assis sur un rocher, ayant à sa droite une massue et à sa gauche un carquois et un arc; à l'exergue, PR. (N° 306.) T.B. OR.

625. Même légende. Sa tête laurée à droite.

℞ IOVI CONSERVAT. Jupiter nu debout à gauche, le manteau sur l'épaule, tenant un foudre et un sceptre; à l'exergue, ..S. (N° 327 var.) Trou rebouché. T.B. OR.

626. IMP. C. M. AVR. VAL. MAXIMIANVS P.F. AVG. Son buste lauré, drapé et cuirassé à droite.

℞ IOVI CONSERVAT AVGG. Jupiter nu debout à gauche, le manteau déployé derrière lui, tenant un foudre et un sceptre. (N° 348.) T.B. OR.

627. MAXIMIANVS P. F. AVG. Sa tête laurée à droite.

℞ PROVIDENTIA AVGG. Porte de camp sans battants, surmontée de trois tours et de deux tourelles; sur le second plan, deux tourelles au milieu de deux tours; à l'exergue, PR. (N° 485.) F.D.C. OR.

628. Même tête et même légende.

℞ VIRTVS AVGG. Hercule nu debout à droite, mettant le genou gauche sur la croupe d'un cerf qu'il renverse et saisit par les andouillers; derrière, une massue; à l'exergue, PR. (N° 595.) F.D.C. OR.

629. MAXIMIANVS AVGVSTVS. Même tête.

℞ XX. MAXIMIANI AVG. SMT. en cinq lignes dans une couronne de laurier. (N° 705.) F.D.C. OR.

CARAUSIUS

(Règne en Grande-Bretagne. 1040-1046; de J.-C., 287-293.)

630. IMP. CARAVSIVS AVG. Son buste lauré et drapé à droite.

℞ CONCORDIA MILITVM. Carausius debout à droite, donnant la main à la Concorde. (N° 6[1].) T.B. OR.

---

1. La deuxième édition de l'ouvrage de Cohen n'étant pas encore terminée à partir de ce règne, les numéros indiqués sont ceux de la première édition.

ALLECTUS

(Règne en Grande-Bretagne. 1047-1050; de J.-C., 294-297.)

631. IMP. C. ALLECTVS P.F. AVG. Son buste lauré et cuirassé à droite.

℞ PAX AVG. La Paix debout à gauche, tenant une branche d'olivier et un sceptre transversal; à l'exergue, ML. (N° 4 var.) T.B. OR.

CONSTANCE CHLORE CÉSAR

(1045-1057; de J.-C., 292-304.)

632. CONSTANTIVS NOB. CAES. Sa tête laurée à droite.

℞ HERCVLI CONS. CAES. Hercule nu debout de face regardant à gauche, appuyé sur sa massue et tenant trois pommes; la peau de lion est suspendue à son bras gauche; à l'exergue, SMAZ et étoile. (1045-1057; de J.-C., 292-304.) (N° 20.) F.D.C. OR.

633. CONSTANTIVS NOB. CAES. Même tête.

℞ HERCVLI VICTORI. Hercule nu debout de face regardant à droite, appuyé sur sa massue et tenant quatre pommes; la peau de lion est suspendue à son bras gauche; à l'exergue, SMN. (Même date.) (N° 23 var.) F.D.C. OR.

634. CONSTANTIVS N.C. Même tête.

℞ IOVI CONSERVATORI. Jupiter à demi nu assis à gauche, tenant un foudre et un sceptre; à ses pieds, un aigle debout tenant une couronne en son bec; à l'exergue, PT. (Même date.) (N° 25.) T.B. OR.

635. CONSTANTIVS NOB. C. Même tête.

℞ SALVS AVGG. ET CAESS. NN. La Santé debout à droite nourrissant un serpent qu'elle tient dans ses bras; à l'exergue, TR. (Même date.) (N° 43.) T.B. OR.

HÉLÈNE

(Femme de Constance Chlore.)

636. FL. HELENA AVGVSTA. Son buste diadémé et drapé avec un collier formé de deux rangs de perles.

℞ SECVRITAS REIPVBLICE (sic). La Sécurité (ou Hélène) voilée debout à gauche, tenant une branche d'olivier baissée et soutenant sa robe; à l'exergue, SMT. (Inédit.) Mod. 7. Poids, 8 gr. 80. Unique. F.D.C. OR. M.

GALÈRE MAXIMIEN CÉSAR

(1045-1057; de J.-C., 292-304.)

637. MAXIMIANVS CAESAR. Sa tête laurée à droite.

℞. IOVI CONSERVATORI. Jupiter nu debout à gauche, le manteau déployé derrière lui, tenant un foudre et un sceptre; à l'exergue, SMAQ. (1045-1057; de J.-C., 292-304.) (N° 11.) T.B. OR.

638. Même tête et même légende.

℞ SOLI INVICTO. Buste radié et drapé du Soleil à droite. (Même date.) (Suppl. n° 1.) Poids, 6 gr. 50. Mod. 5. Trouée. T.B. OR.

639. MAXIMIANVS NOB. CAESAR. Sa tête laurée à droite.

℞ SOLI INVICTO. Le Soleil radié debout de face regardant à droite, levant la main droite et de la gauche tenant un globe et un fouet; à l'exergue, SMN. (Même date.) (Inédite.) F.D.C. OR.

VALÉRIE

(Femme de Galère Maximien.)

640. GAL. VALERIA AVG. Son buste diadémé et drapé à droite.

℞ VENERI VICTRICI. Vénus debout à gauche, tenant une pomme et soulevant son voile; à l'exergue, SMN. (N° 1.) T.B. OR.

641. Même légende. Son buste diadémé et drapé à droite avec le croissant.

℞ Même revers; à l'exergue, SIS. (N° 4.) F.D.C. OR.

SÉVÈRE II CÉSAR

(1058-1059; de J.-C., 305-306.)

642. SEVERVS NOB. CAES. Sa tête laurée à droite.

℞ CONCORDIA CAESS. NOSTR. La Concorde assise à gauche, tenant une patère et une double corne d'abondance; à l'exergue, SMT. (1058-1059; de J.-C., 305-306.) (N° 6.) F.D.C. OR.

643. Même tête et même légende.

℞ PRINCIPI IVVENTVTIS. Sévère, en habit militaire, debout à gauche, levant la main droite et tenant un sceptre; à droite, deux enseignes; dans le champ, Ξ; à l'exergue, SM.SD. (Même date.) (N° 14 var.) F.D.C. OR.

MAXIMIN II DAZA CÉSAR

(1058-1060; de J.-C., 305-307.)

644. MAXIMINVS NOB. CAES. Sa tête laurée à droite.

℞ PRINCIPI IVVENTVTIS. Maximin, en habit militaire, debout à gauche, tenant un globe et un sceptre long; derrière lui, deux enseignes militaires; dans le champ, Σ; à l'exergue, SM. SD. (N° 15 var.) T.B. OR.

645. Même tête et même légende.

℞ SOLE INVICTO. Le Soleil radié en tunique debout à gauche, levant la main droite et tenant la tête de Sérapis; dans le champ, Δ; à l'exergue, ALE. (N° 18.) T.B. OR.

646. MAXIMINVS CAESAR. Même tête.

℞ SOLI INVICTO NK (en monogramme). Le Soleil radié, nu, debout de face regardant à droite, le manteau déployé derrière lui, levant la main droite et tenant un globe et un fouet. (Suppl. n° 1 var.) F.D.C. OR.

MAXIMIN II EMPEREUR

(1061-1066; de J.-C., 308-313.)

647. MAXIMINVS P. F. AVG. Sa tête laurée à droite.

℞ CONSVL P. P. PROCONSVL. Maximin lauré et en toge, debout à gauche, tenant un globe et un sceptre court; à l'exergue, SMAⵉ entre un croissant et une étoile. (N° 1.) T.B. OR.

648. MAXIMINVS AVGVSTVS. Même tête.

℞ IOVI CONSERVATORI AVGG. Jupiter nu debout à gauche avec le manteau sur l'épaule, tenant un foudre et un sceptre; à ses pieds, un aigle tenant une couronne en son bec; dans le champ, Σ.; à l'exergue, SMTS. (N° 8.) T.B. OR.

649. MAXIMINVS P. F. AVG. Même tête.

℞ SOLE INVICTO. Le Soleil radié, en tunique, debout à gauche, levant la main droite et tenant la tête de Sérapis; à l'exergue, SMAZ entre un croissant et une étoile. (N° 18 var.) T.B. OR.

MAXENCE

(1059-1065; de J.-C., 306-312.)

650. MAXENTIVS PRINC. INVICT. Sa tête laurée à droite.

℞ CONSERVATOR VRBIS SVAE. Rome casquée à gauche sur un bouclier, tenant une Victoire sur un globe et un sceptre. (N° 1.) T.B. OR.

ALEXANDRE

(Tyran d'Afrique. 1064; de J.-C., 311.)

651. IMP. C. ALEXANDER P. F. AVG. Sa tête laurée à droite.

℞ INVICTA ROMA FEL. KARTHAGO. Femme debout de face regardant à gauche, tenant de chaque main un fruit d'espèce différente; à l'exergue, PK. (N° 1.) Unique. F.D.C. OR.

652. Même tête et même légende.

℞ INVICTA ROMA FEL. KARTHAGO. Rome casquée assise à gauche, tenant un globe surmonté d'une Victoire et un sceptre; à côté d'elle, un bouclier; à l'exergue, PK. (N° 3.) Unique. T.B. OR.

Ces deux monnaies sont les seules pièces en or connues de ce tyran.

LICINIUS PÈRE

(1060-1076; de J.-C., 307-323.)

653. LICINIVS P. F. AVG. Sa tête laurée à droite.

℞ CONSVL P. P. PROCONSVL. Licinius lauré et en toge debout à gauche, tenant un globe et un sceptre court; dans le champ, à droite, ISINT (NT en monogramme), et à gauche une étoile au-dessus d'un croissant; à l'exergue, ANT. (1068-1071; de J.-C., 315-318.) (N° 7.) F.D.C. OR.

654. LICINIVS AVGVSTVS. Même tête.

℞ IOVI CONSERVATORI AVGG. Jupiter nu debout à gauche, le manteau sur l'épaule tenant un globe surmonté d'une Victoire et un sceptre; à ses pieds un aigle qui tient en son bec une couronne; dans le champ, N.; à l'exergue, SER. (N° 16.) F.D.C. OR.

655. LICINIVS AVG. OB. D. V. FILII SVI. Son buste de face nu-tête, drapé et cuirassé.

℞ IOVI CONS. LICINI AVG. Jupiter à demi nu assis de face sur un cippe, tenant un globe surmonté d'une Victoire et un sceptre; à ses pieds, un aigle qui tient en son bec une couronne; sur la base, SIC X. SIC XX.; à l'exergue, SMANE. (N° 18.) Trouée. T.B. OR.

656. LICINIVS P. F. AVG. Sa tête laurée à droite.

℞ VBIQVE VICTORES. Licinius lauré, en habit militaire, le

manteau déployé derrière lui, debout à droite, tenant une haste transversale et un globe; de chaque côté, un captif assis à terre, dans l'attitude de la tristesse. (N° 29 var.) F.D.C. OR.

657. LICINIVS AVG. Son buste lauré et cuirassé à droite.

℞ VICTORIAE LAETAE PRINC. PERP. Deux Victoires debout posant sur un cippe un bouclier sur lequel on lit : VOT. X.; à l'exergue, PR. (N° 30.) T.B. OR.

658. LICINIVS AVGVSTVS. Sa tête laurée à droite.

℞ VOTIS V. MVLTIS X. Victoire debout de face, regardant à droite, soutenant un bouclier posé sur un cippe; sur le bouclier, VICTORIA AVG.; à l'exergue, SMATB. (N° 33.) T.B. OR.

LICINIUS FILS CÉSAR

(1070-1079; de J.-C., 317-326.)

659. D. N. VAL. LICIN. LICINIVS NOB. C. Son buste de face nu-tête et drapé.

℞ IOVI CONSERVATORI CAES. Jupiter à demi nu assis de face sur un cippe, tenant un globe surmonté d'une Victoire et un sceptre; à ses pieds, un aigle qui tient en son bec une couronne; sur la base, SIC V. SIC X.; à l'exergue, SMNΔ. (N° 4.) T.B. OR.

CONSTANTIN Ier CÉSAR

(1059; de J.-C., 306.)

660. CONSTANTINVS NOB. C. Sa tête laurée à droite.

℞ PRINCIPI IVVENTVT. Constantin debout à gauche, en habit militaire, tenant une enseigne et un sceptre; à l'exergue, PR. (Supp. n° 10.) Petit module. F.D.C. OR.

CONSTANTIN Ier EMPEREUR

(1059-1090; de J.-C., 306-337.)

661. Sans légende. Tête diadémée de Constantin à droite.

℞ CONSTANTINVS AVG. Constantin, lauré et en habit militaire, debout à gauche, tenant un étendard et un sceptre court ; à l'exergue, RT. (Inédite.) Mod. 6. Poids, 7 gr. 50 cent. T.B. OR. M.

662. IMP. CONSTANTINVS MAX. AVG. Son buste lauré, drapé et cuirassé à droite.

℞ DEBELLATORI GENTIVM BARBARARVM. Soldat casqué marchant à droite, tenant par les cheveux un barbare qu'il conduit vers Constantin, en habit militaire, debout à gauche, qui porte le bras en avant pour le recevoir. (Inédit.) Mod. 6 1/2. Poids, 8 gr. 85. F.D.C. OR. M.

663. IMP. CONSTANTINVS P.F. AVG. Son buste radié, drapé et cuirassé à droite.

℞ GLORIA AVGG. Porte de la ville de Trèves entourée de quatre grandes tours, dont deux à neuf étages et deux à huit ; au milieu, la statue de Constantin debout à gauche, en habit militaire et en manteau, levant la main droite et tenant un sceptre ; en haut, on voit les sommets de trois tours ; dessous, la Moselle ; à droite et à gauche des monuments, deux captifs assis dans l'attitude de la tristesse ; à l'exergue, PTRE. (Supp. n° 3.) Mod. 6. Poids, 8 gr. 85 c. F.D.C. OR. M.

664. Sans légende. Tête diadémée de Constantin Ier à droite.

℞ GLORIA CONSTANTINI AVG. Constantin casqué, en habit militaire, marchant à droite, traînant un barbare par les cheveux, portant un trophée et frappant du pied un captif barbu assis à terre, les mains liées derrière le dos et tournant la tête vers lui ; à l'exergue, SIS. (N° 14.) Mod. 6. Poids, 6 gr. 60 c. F.D.C. OR. M.

665. IMP. CONSTANTINVS P.F. AVG. Son buste radié, drapé et cuirassé à droite.

℞ PRINCIPI IVVENTVTIS. Constantin, en habit militaire, debout à droite, tenant une haste transversale et un globe ; à l'exergue, PTR. (Supp. n° 4.) Mod. 5. Poids, 6 gr. 55 c. F.D.C. OR. M.

666. Même légende. Son buste lauré, drapé et cuirassé à droite.

℞ Même revers ; à l'exergue, POST et étoile. (Supp. n° 4 var.) Mod. 6 1/2. Poids, 8 gr. 35 c. T.B. OR. M.

667. IMP. CONSTANTINVS MAX. P.F AVG. Son buste casqué et cuirassé à droite.

℞ VICTORIAE LAETAE AVGG. NN. Deux Victoires debout, tenant chacune une palme et soutenant un bouclier posé sur un cippe ; sur le bouclier, on lit : VOT. X et sur le cippe : MVL. XX. ; à l'exergue, SMT. (Inédit.) Mod. 6 1/2. Poids, 8 gr. 50 c. T.B. OR. M.

668. CONSTANTINVS AVG. Sa tête diadémée à droite.

℞ VIRTVS D. N. CONSTANTINI AVG. Constantin casqué, en habit militaire, marchant à droite, tenant une haste transversale et un trophée et poussant du pied un captif assis à terre, dans l'attitude de la tristesse, et se retournant ; à l'exergue, SIS. (Inédit.) Mod. 11. Poids, 19 gr. 95. Magnifique médaillon. F.D.C. OR. M.

669. CONSTANTINVS P. F. AVG. Sa tête laurée à droite.

℞ AOVENTVS (sic) AVGVSTI N. Constantin, en habit militaire, à cheval à gauche, levant la main droite et tenant un sceptre ; à l'exergue, SMAN et étoile. (Suppl. n° 5.) T.B. OR.

670. Sans légende. Tête diadémée de Constantin Ier à droite.

℞ CONSTANTINVS AVG. Victoire assise à gauche, tenant une Victoire et une corne d'abondance ; derrière elle, un bouclier ; à l'exergue, SMTSЄ. (N° 44.) F.D.C. OR.

671. Même tête.

℞ CONSTANTINVS AVG. Deux couronnes de laurier entrelacées ; au-dessus, une étoile ; à l'exergue, SMT. (N° 45.) T.B. OR.

672. CONSTANTINVS P. F. AVG. Sa tête laurée à droite.

℞ FELICITAS REIPVBLICAE. Constantin assis à gauche sur une estrade, ayant près de lui le préfet du prétoire et une autre figure debout ; au pied de l'estrade, trois hommes suppliant à genoux ; à l'exergue, PTR. (N° 52.) Petit module. F.D.C. OR.

673. Même tête et même légende.

℞ FELIX PROCESSVS COS. IIII. AVG. N. Constantin debout à gauche, tenant un globe et un sceptre court; à l'exergue, SMT. (N° 53 var.) T.B. OR.

674. Même tête et même légende.

℞ GAVDIVM ROMANORVM; à l'exergue, ALAMANNIA. L'Allemagne assise à terre à gauche dans l'attitude de la tristesse; derrière elle, un trophée. (N° 59 var.) Petit module. F.D.C. OR.

675. Même tête et même légende.

℞ GAVDIVM ROMANORVM; à l'exergue, FRANCIA. La France assise à terre à gauche dans l'attitude de la tristesse; derrière elle, un trophée. (N° 61.) Petit module. F.D.C. OR.

676. Même tête et même légende.

℞ GLORIA EXERCITVS GALL. Constantin, en habit militaire, à cheval à droite, levant la main droite; à l'exergue, PTR. (N° 63.) Petit module. F.D.C. OR.

677. Même légende et même tête, mais très grosse.

℞ IOVI CONSERVATORI AVGG. Jupiter nu debout à gauche, le manteau sur l'épaule, tenant un globe surmonté d'une Victoire et un sceptre; à ses pieds, un aigle tenant une couronne en son bec; dans le champ, N.; à l'exergue SER. (Supplément n° 8.) F.D.C. OR.

678. Même tête et même légende.

℞ IOVI CONSERVATORI AVGG. Même type, mais l'aigle tient un sceptre; dans le champ, à droite, une étoile, à gauche, un croissant; à l'exergue, ANT. (N° 71 var.) T.B. OR.

679. Même tête et même légende.

℞ PAX AETERNA AVG. N. Deux femmes tourelées à droite, venant présenter chacune une couronne à Constantin debout en toge à gauche. (N° 75 var.) T.B. OR.

680. Même tête et même légende.

℞ P. M. TRIB. P. COS. IIII. P.P. PRO. COS. Constantin

assis à gauche sur une chaise curule, tenant un globe et un sceptre court ; à l'exergue, PTR. (1068; de J.-C., 315.) (N° 78.) T.B. OR.

681. Même tête et même légende.

℞ RESTITVTORI LIBERTATIS. Constantin, en habit militaire, debout à gauche, tenant un sceptre court et recevant un globe des mains de Rome assise à droite sur un fauteuil et tenant un sceptre ; à l'exergue, PTR. (N° 93 var.) T.B. OR.

682. Même tête et même légende.

℞ SECVRITAS REIPVBLICAE. La Sécurité debout à droite, les jambes croisées, posant la main droite sur sa tête et appuyée sur une colonne ; à l'exergue, PTR. (N° 95.) F.D.C. OR.

683. Même tête et même légende.

℞ SOLI INVICTO AETERNO AVG. Constantin (ou le Soleil) radié debout de face dans un quadrige de face, levant la main droite et couronné par la Victoire qui tient une palme ; à l'exergue, SMT. (N° 100.) Petit module. T.B. OR.

684. Même tête et même légende.

℞ S. P. Q. R. OPTIMO PRINCIPI. Trois enseignes militaires surmontées, la première d'une main, la seconde d'un aigle sur un foudre, et la troisième d'une couronne ; à l'exergue, PTR. (N° 104.) Petit module T.B. OR.

685. Même tête et même légende.

℞ VBIQVE VICTOR. Constantin lauré, en habit militaire, debout à droite, tenant une haste transversale et un globe entre deux captifs assis à terre ; à l'exergue, PTR. (N° 106.) Petit module. F.D.C. OR.

686. Même légende et même tête, mais plus grosse.

℞ VICTOR OMNIVM GENTIVM. Constantin debout à gauche, tenant un globe et un sceptre et couronné par la Victoire, debout derrière lui et tenant une palme ; à l'exergue, SMT. (Inédite.) T.B. OR.

687. CONSTANTINVS MAX. AVG. Son buste diadémé, drapé et cuirassé à droite.

℞ VICTORIA CONSTANTINI AVG. Victoire marchant à gauche, tenant un trophée et une palme ; à l'exergue, TS. (N° 121.) T.B. OR.

688. Même buste et même légende.

℞ Même revers, mais dans le champ à droite LXXII, à gauche, ⚓; à l'exergue, SMAN et un point. (N° 123.) F.D.C. OR.

<small>Cette monnaie est très importante par rapport au nombre LXXII qui indique que le sou d'or établi par Constantin était la soixante-douzième partie de la livre.</small>

689. D. N. CONSTANTINVS P. F. AVG. Son buste lauré et cuirassé à droite.

℞ VICTORIA CONSTANTINI AVG. Victoire assise à droite sur une cuirasse écrivant VOT. XX. sur un bouclier que lui présente un génie ; à l'exergue, SMT. (Var. Inéd.) T.B. OR. Q.

690. CONSTANTINVS MAX. AVG. Son buste diadémé et drapé à droite.

℞ Même revers, mais avec VOT. XXX. sur le bouclier et à l'exergue, CONS. (N° 130.) T.B. OR. Q.

691. Sans légende. Tête diadémée de Constantin à droite.

℞ Même revers ; à l'exergue, SMNM. (*sacra moneta narbo martius*). (N° 131.) Trouée. F.D.C. OR.

692. CONSTANTINVS P.F. AVG. Sa tête laurée à droite.

℞ VICTORIA CONSTANTINI AVG. Victoire debout à droite, couronnant Constantin debout, en habit militaire, qui tient une haste transversale et un globe ; à l'exergue, SIRM. (Supp. n° 14.) T.B. OR.

693. CONSTANTINVS AVG. Son buste casqué et cuirassé à droite.

℞ VICTORIAE LAETAE PRINC. PERP. Deux Victoires debout posant un bouclier sur un cippe ; celle qui est tournée à droite écrit dessus VOT.X ; à l'exergue, PR. (N° 134.) Petit module, F.D.C. OR.

694. CONSTANTINVS P.F. AVG. Sa tête laurée à droite.

℞ VICTORIB. AVGG. ET CAESS. NN. Victoire assise à droite sur une cuirasse et un bouclier, tenant un bouclier sur lequel on lit VOT. XX.; devant elle un trophée au pied duquel est un barbare assis à droite et retournant la tête. (N° 138.) F.D.C. OR.

695. Même tête et même légende.

℞ VIRTVS AVGVSTI N. Mars casqué nu, avec le manteau flottant, marchant à droite et portant une haste transversale et un trophée, entre deux captifs assis à terre, l'un coiffé d'un bonnet et retournant la tête, l'autre la tête nue, tous les deux dans l'attitude de la tristesse. (N° 145 var.) F.D.C. OR.

696. Même tête et même légende.

℞ VIRTVS EXERCITVS GALL. Mars casqué nu, le manteau flottant, marchant à droite, portant une haste transversale et un trophée. (N° 149 var.) Petit module. F.D.C. OR.

697. CONSTANTINVS MAX. AVG. Son buste diadémé et drapé à droite.

℞ Sans légende. Constantin debout dans un char de triomphe vu de face et attelé de quatre chevaux, répandant de la main droite des monnaies et tenant une aigle légionnaire de la gauche; à l'exergue, SMN. (N° 160.) Mod. 5 1/2. Poids, 5 gr. 30 c. F.D.C. OR.

CONSTANTIN I", CRISPE ET CONSTANCE II

698. D.N. CONSTANTINVS MAX. AVG. Buste radié, drapé et cuirassé de Constantin I" à gauche, levant la main droite et tenant un globe; la cuirasse est ornée de la tête de Méduse.

℞. CRISPVS ET CONSTANTIVS NOBB. CAESS. Bustes en regard laurés, drapés et cuirassés de Crispe et de Constance II; Crispe tient un globe et tous les deux soutiennent ensemble une aigle légionnaire; à l'exergue, SMN. (Inédit.) Mod. 6 1/2. Poids, 8 gr. 85 c. F.D.C. OR. M.

FAUSTE

(Femme de Constantin Ier)

699. FLAVIA MAXIMA FAVSTA AVGVSTA. Son buste drapé à droite avec un collier formé de deux rangs de perles.

℞ PIETAS AVGVSTAE. Femme (la Vierge r) assise de face, nimbée, tenant un enfant dans ses bras, entre la Félicité debout tournée à droite, tenant un caducée et une autre femme debout tournée à gauche et levant le bras droit ; à ses pieds, de chaque côté d'une base ornée de guirlandes, deux génies debout, tenant chacun une couronne ; à l'exergue, PTR. (N° 1.) Mod. 6 1/2. Poids, 8 gr. 70 c. F.D.C. OR. M.

700. FLAV. MAX. FAVSTA AVG. Même buste.

℞ SPES REIPVBLICAE. Fauste voilée debout de face, regardant à gauche, tenant Constantin II et Constance enfants dans ses bras ; à l'exergue, SMT. (Inédit.) Mod. 7 1/2. Poids, 8 gr. 75 c. F.D.C. OR. M.

Ces deux médaillons sont magnifiques et de première rareté.

701. Même buste et même légende.

℞ SALVS REIPVBLICAE. Même type ; à l'exergue, SMN. (N° 2.) F.D.C. OR.

CRISPE CÉSAR

(1070-1079 ; de J.-C., 317-326.)

702. FL. IVL. CRISPVS NOB. CAES. Son buste lauré à gauche, avec un vêtement très orné, tenant un sceptre surmonté d'un aigle.

℞ FELIX PROGENIES CONSTANTINI AVG. Constantin debout en toge avec un manteau, donnant la main à Crispe, entre Fausta debout de face, mettant les mains sur leurs épaules. (Inédit.) Mod. 6 1/2. Poids 8 gr. 60 c. T.B. OR. M.

703. Sans légende. Tête diadémée de Crispe à droite.

℞ CRISPVS CAESAR. Victoire marchant à gauche, tenant une couronne et une palme ; à l'exergue, SIRM. (N° 2.) T.B. OR.

704. FL. IVL. CRISPVS NOB. CAES. Sa tête laurée à droite.

℞ PRINCIPI IVVENTVTIS. Crispe lauré debout à droite, en habit militaire, tenant une haste transversale et un globe; à l'exergue, PTR. (N° 10 var.) F.D.C. OR.

705. FL. IVL. CRISPVS NOB. CAES. Son buste à mi-corps à gauche, vu de dos, tenant une haste et un bouclier.

℞ VIRTVS CAESAR NN. Crispe à cheval au galop à droite, tenant un bouclier et frappant de sa haste un ennemi agenouillé; sous le cheval, un autre ennemi renversé et un bouclier; à l'exergue, SMNM (*sacra moneta Narbo Martius*). (Inédite.) F.D.C. OR.

HANNIBALLIEN

(1088; de J.-C., 335.)

706. FL. ANNIBALIANO REGI. Son buste nu-tête drapé et cuirassé à droite.

℞ FELICITAS PVBLICA. Fleuve couché à gauche accoudé à une urne d'où coulent des eaux, de la main droite il tient un poisson et de la gauche un gouvernail; au second plan, un roseau; à l'exergue, CONS. (Inédite.) T.B. AR.

Monnaie d'un très beau style et de première rareté.

CONSTANTIN II CÉSAR

(1070-1090; de J.-C., 317-337.)

707. FL. CL. CONSTANTINVS IVN. NOB. C. Son buste lauré, drapé et cuirassé à droite.

℞ CONSTANTINI CAES. autour d'une couronne dans laquelle on lit : VOTIS X.; à l'exergue, TR. (Inédit.) Mod. 6 1/2. Poids, 8 gr. 75 c. F.D.C. OR. M.

708. Même buste et même légende.

℞ CONSTANTINI CAES. Deux Victoires debout, soutenant

une couronne dans laquelle on lit : VOT. X.; à l'exergue, TR. (Inédit.) Mod. 6 1/2. Poids, 8 gr. 80 c. F.D.C. OR. M.

709. Même buste et même légende.

℞ PRINCIPIA IVVENTVTIS. à l'exergue, SARMATIA. Constantin II nu-tête et en habit militaire debout à gauche, tenant un globe et une haste et posant le pied droit sur le genou d'une Sarmate agenouillée et suppliante. (Inédit.) Mod. 6 1/2. Poids, 8 gr. 90 c. F.D.C. OR. M.

710. CONSTANTINVS IVN. NOB. CAES. Son buste lauré, drapé et cuirassé à mi-corps à gauche, tenant un globe surmonté d'une Victoire et une tête d'aigle.

℞ VOTIS DECENN. D.N. CONSTANTINI CAES. Deux génies ailés, en face l'un de l'autre, soutenant une guirlande; à l'exergue, SMTS. (Inédit.) Mod. 9 1/2. Poids, 13 gr. 40. Magnifique médaillon. F.D.C. OR. M.

711. Sans légende. Tête diadémée de Constantin II à droite.

℞ CONSTANTINVS CAESAR. Victoire marchant à gauche, tenant une couronne et une palme; à l'exergue, N. (Supp. 2 var.) T.B. OR.

712. FL. CL. CONSTANTINVS IVN. N. C. Sa tête laurée à droite.

℞ GAVDIVM ROMANORVM. à l'exergue, SARMATIA. La Sarmatie assise à gauche, soutenant sa tête de la main droite et se retournant vers un trophée placé à droite. (N° 27.) F.D.C. OR.

713. CONSTANTINVS IVN. NOB. C. Son buste lauré, drapé et cuirassé à droite.

℞ Même revers. (Suppl. n° 3 var.) F.D.C. OR. Q.

714. FL. CL. CONSTANTINVS IVN. N.C. Sa tête laurée à droite.

℞ PRINCIPI IVVENTVTIS. Constantin II debout à droite, tenant une haste transversale et un globe; à l'exergue, TR. (N° 29.) F.D.C. OR.

715. CONSTANTINVS IVN. NOB. C. Son buste diadémé, drapé et cuirassé à droite.

℞ PRINCIPI IVVENTVTIS. Constantin II debout de face regardant à gauche, tenant un étendard et un sceptre ; derrière lui, deux enseignes militaires ; à l'exergue, TS. (N° 33 var.) F.D.C. OR.

716. Même légende. Son buste lauré, drapé et cuirassé à droite.

℞ PRINCIPI IVVENTVTIS. Constantin II lauré, en habit militaire, debout de face regardant à droite, tenant une enseigne surmontée d'un aigle qui tient une couronne en son bec, et un sceptre ; à droite, une autre enseigne ; à l'exergue, SMTSA. (N° 35.) F D.C. OR.

CONSTANT Ier CÉSAR

(1086-1090 ; de J.-C., 333-337.)

717. FL. IVL. CONSTANS NOB. CAES. Son buste lauré, drapé et cuirassé à droite.

℞ PRINCIPI IVVENTVTIS. Constant debout à gauche, tenant un étendard et un sceptre ; derrière lui, deux enseignes militaires ; à l'exergue, TR. (N° 46.) T.B. OR.

CONSTANT Ier EMPEREUR

(1090-1103 ; de J.-C., 337-350.)

718. FL. IVL. CONSTANS P. F. AVG. Son buste diadémé, drapé et cuirassé à droite.

℞ OB. VICTORIAM. TRIVMFALEM. Deux Victoires debout, soutenant une couronne dans laquelle on lit : VOT. X. MVLT. XV. ; à l'exergue, SMAQ. (N° 41.) Trouée. F.D.C. OR.

719. FL. IVL. CONSTANS PERP. AVG. Même buste.

℞ VICTORIA AVGVSTORVM. Victoire à demi nue assise à droite sur un bouclier et une cuirasse, écrivant VOT. V. MVLT. X sur un bouclier que lui présente un génie nu et ailé debout ; à l'exergue, SMANZ. (N° 63.) T.B. OR.

720. CONSTANS P. F. AVG. Même buste.

℟ VICTORIA DD. NN. AVGG. Victoire marchant à gauche, tenant une couronne et une palme ; à l'exergue, TR. (N° 69.) F.D.C. OR. Q.

721. CONSTANS AVGVSTVS. Même buste.

℟ VICTORIAE DD. NN. AVGG. Deux Victoires debout soutenant une couronne sur laquelle on lit : VOT. X MVLT. XX. ; à l'exergue, TR. (N° 82.) F.D.C. OR.

722. CONSTANS P. F. AVG. Même buste.

℟ Même revers ; à l'exergue, SIS. entre une palme et une étoile. (N° 84 var.) F.D.C. OR. Q.

CONSTANCE II CÉSAR

(1076-1090 ; de J.-C., 323-337.)

723. FL. IVL. CONSTANTIVS NOB. C. Son buste à mi-corps à droite, lauré avec un vêtement très orné, tenant un sceptre surmonté d'un aigle.

℟ AETERNA GLORIA SENAT. P.Q.R. Constantin et Constance nimbés, levant leurs mains droites et tenant chacun un sceptre, dans un quadrige d'éléphants de face ; deux hommes tenant chacun une longue palme ? accompagnent le char ; à l'exergue, PTR. (Inédit.) Mod. 7. Poids, 9 gr. F.D.C. OR. M.

724. Même buste et même légende.

℟ PRINCIPI IVVENTVTIS. Constance, en habit militaire, debout à droite, le manteau déployé derrière lui, tenant une haste transversale et un globe ; à l'exergue, PTR. (Inédit.) Mod. 7. Poids, 8 gr. 90 c. F.D.C OR. M.

725. FL. IVL. CONSTANTIVS NOB. CAES. Sa tête laurée à droite.

℟ PRINCIPI IVVENTVTIS. Même type. (N° 96.) F.D.C. OR.

726. FL. IVL. CONSTANTIVS NOB. C. Son buste lauré et cuirassé à droite.

℞ PRINCIPI IVVENTVTIS. Constance, en habit militaire, debout à gauche, le manteau sur l'épaule, tenant un étendard et un sceptre ; derrière lui, deux enseignes ; à l'exergue, SIS. (N° 100 var.) F.D.C. OR.

CONSTANCE II EMPEREUR

(1090-1114 ; de J.-C., 337-361.)

727. CONSTANTIVS AVGVSTVS. Son buste diadémé, drapé et cuirassé à droite, le tout dans une couronne de laurier.

℞ VICTORIAE DD. NN. AVGG. Victoire assise à droite sur un bouclier et une cuirasse, écrivant VOT. XX. MVLT. XXX. sur un bouclier que lui présente un génie nu ailé debout ; à l'exergue, TR ; le tout dans une couronne de laurier. (N° 47.) Mod. 8. Poids, 8 gr. 90. F D.C. OR. M.

728. FL. IVL. CONSTANTIVS PERP. AVG. Son buste diadémé drapé et cuirassé à droite.

℞ GLORIA REIPVBLICAE. Rome et Constantinople assises, tenant un bouclier sur lequel on lit VOT. XXX. MVLT. XXXX. Rome casquée est assise de face ; Constantinople, tourelée, se tourne à gauche et pose le pied sur une proue ; toutes deux tiennent des sceptres ; à l'exergue, KONSTAN. (TAN en monogramme). Mod. 8. Poids, 8 gr. 50. (N° 24 var.) F.D.C. OR. M.

729. Même buste et même légende.

℞ Même revers ; avec VOT. XX. MVLT. XXX ; à l'exergue, SMANA. (N° 74.) T.B. OR.

730. Même légende. Son buste casqué et cuirassé de face, tenant une haste et un bouclier orné d'un cavalier terrassant un ennemi.

℞ Même revers, mais VOT. XXX. MVLT. XXXX et à l'exergue, SIRM. entre un point et un croissant. (N° 80.) F.D.C OR.

731. Même buste et même légende.

℞ Même revers, mais VOT. XXXV. MVLT. XXXX. et à l'exergue, SMSIS. (N° 88.) F.D.C. OR.

732. D. N. CONSTANTIVS P.F. AVG. Son buste diadémé, drapé et cuirassé à droite.

℞ VICTORIA AVG. NOSTRI. Victoire marchant à gauche, se retournant et tenant une couronne et une palme; derrière elle, Constance, en habit militaire, tenant un globe et un sceptre; à l'exergue, TR. (N° 109 var.) F.D.C. OR.

733. CONSTANTIVS AVG. Même buste.

℞ VICTORIA AVGVSTI N. Victoire assise à droite sur une cuirasse et un bouclier, écrivant VOT. XXX sur un bouclier que lui présente un génie; à l'exergue, SMN. (N° 113 var.) F.D.C. Tiers de sou. OR.

734. CONSTANTIVS P.F. AVG. Même buste.

℞ VICTORIA CONSTANTI AVG. Même type, mais VOT. XXXX sur le bouclier et à l'exergue, SRM. (N° 126.) Tiers de sou. F.D.C. OR.

735. FL. IVL. CONSTANTIVS P.F. AVG. Son buste diadémé, drapé et cuirassé à droite.

℞ VICTORIA DD. NN. AVGG. Victoire marchant à gauche, tenant un trophée et une palme; à l'exergue, TR. (N° 131.) F.D.C. OR.

736. CONSTANTIVS P.F. AVG. Même buste.

℞ Même revers; à l'exergue, TSЄ. (N° 132.) F.D.C. OR.

737. CONSTANTIVS AVGVSTVS. Même buste; le tout dans une couronne de laurier.

℞ VICTORIAE DD. NN. AVGG. Deux Victoires debout, tenant une couronne dans laquelle on lit : VOT. XX. MVLT. XXX; à l'exergue, TR; le tout dans une couronne de laurier. (N° 140.) T.B. OR.

738. D.N. CONSTANTIVS P.F. AVG. Son buste diadémé, drapé et cuirassé à droite.

℞ VICTORIAE DD. NN. AVGG. Victoire assise à droite sur une cuirasse, écrivant VOT. XXX. MVLT. XXXX sur un bouclier que lui présente un génie; à l'exergue, TES. (Inédit.) Tiers de sou. F.D.C. OR.

VÉTRANION

(1103 ; de J.-C., 350.)

739. D.N. VETRANIO P.F. AVG. Son buste lauré, drapé et cuirassé à droite.

℞ SALVATOR REIPVBLICAE. Vétranion debout de face, regardant à gauche, tenant le labarum et un sceptre, et couronné par la Victoire, debout derrière lui, qui tient une palme ; à l'exergue, SIS. (N° 2.) F.D.C. OR.

MAGNENCE

(1103-1106 ; de J.-C., 350-353.)

740. IM. CAE. MAGNENTIVS AVG. Son buste nu-tête, drapé et cuirassé à droite.

℞ VICTORIA AVG. LIB. ROMANOR. La Victoire et la Liberté debout tenant ensemble un trophée ; la Victoire tient en outre une palme et la Liberté un sceptre transversal ; à l'exergue, TR. (N° 15.) T.B. OR.

741. La même médaille. T.B. OR.

DÉCENCE

(1104-1106 ; de J.-C., 351-353.)

742. D.N. DECENTIVS FORT. CAES. Son buste nu-tête, drapé et cuirassé à droite.

℞ VICTORIA CAES. LIB. ROMANOR. La Victoire et la Liberté tenant ensemble un trophée ; la Liberté tient en outre un sceptre ; à l'exergue, TR. (N° 7 var.) F.D.C. OR.

CONSTANCE GALLE CÉSAR

(1104-1107 ; de J.-C., 351-354.)

743. D.N. CONSTANTIVS NOB. CAES. Son buste nu-tête, drapé et cuirassé à droite.

℞ GLORIA REIPVBLICAE. Rome casquée assise de face, tenant une haste, et Constantinople tourelée assise à gauche, posant le pied sur un vaisseau et tenant un sceptre ; toutes deux soutiennent une couronne au milieu de laquelle est une étoile ; à l'exergue, SMANO. (N° 6 var.) F.D.C. OR.

744. D.N. FL. CL. CONSTANTIVS NOB. CAES. Même buste.

℞ Même revers, mais au lieu de la couronne un bouclier sur lequel on lit VOTIS V. (N° 8.) F.D.C. OR.

JULIEN II CÉSAR

(1108-1113 ; de J.-C., 355-360.)

745. FL. CL IVLIANVS NOB. CAES. Son buste jeune nu-tête, drapé et cuirassé à droite.

℞ GLORIA REIPVBLICAE. Rome casquée assise de face, tenant une haste, et Constantinople tourelée assise à gauche, posant le pied sur un vaisseau et tenant un sceptre ; toutes deux soutiennent un bouclier sur lequel on lit VOTIS V; entre les deux femmes, une étoile : à l'exergue, KONSTAN. (TAN en monogramme.) (N° 10 var.) F.D.C. OR.

JULIEN II EMPEREUR

(1113-1116 ; de J.-C., 360-363.)

746. IVLIANVS AVG. Son buste barbu diadémé, drapé et cuirassé à droite.

℞ VICTORIA ROMAMORVM (sic). Victoire à demi nue, assise à droite sur une cuirasse et un bouclier, écrivant VOT. XX sur un bouclier que lui présente un génie debout, nu et ailé ; à l'exergue, ANT. (Suppl. n° 1.) T.B. OR. Q.

747. FL. CL. IVLIANVS P.P. AVG. Même buste.

℞ VIRTVS EXERC. GALL. Julien casqué, en habit militaire, marchant à droite et se retournant ; il traîne par les cheveux un captif à genoux et tient un trophée; dans le champ, un aigle, tenant en son bec une couronne; à l'exergue, KONSTAN. (TAN en monogramme.) (N° 25.) F.D.C. OR.

748. Même légende et même buste très barbu.

℞ VIRTVS EXERCITVS. ROMANORVM. Même type, sans l'aigle; à l'exergue SIRM. entre une étoile, et une couronne. (N° 28 var.) F.D.C. OR.

749. FL. CL. IVLIANVS P. F. AVG. Même buste.

℞ Même revers, mais l'empereur est vêtu d'un manteau flottant; à l'exergue, CONSP. (N° 29 var.) T.B. OR.

JOVIEN

(1116-1117; de J.-C., 363-364.)

750. D. N. IOVIANVS P. F. AVG. Son buste diadémé, drapé et cuirassé à droite.

℞ SECVRITAS REIPVBLICE (sic). Jovien diadémé debout à gauche, tenant le labarum et un globe; devant lui, un captif assis à terre les mains liées derrière le dos; à l'exergue, SIRM entre une étoile et un point. (N° 3.) T.B. OR.

751. D. N. IOVIANVS PEP. AVG. Même buste.

℞ SECVRITAS REIPVBLICAE. Rome et Constantinople. (Type décrit au n° 745.) Sur le bouclier, VOT. V. MVL. X.; à l'exergue, RSMT. (N° 5.) F.D.C. OR.

VALENTINIEN Ier

(1117-1128; de J.-C., 364-375.)

752. D. N. VALENTINIANVS. P. F. AVG. Son buste diadémé, drapé et cuirassé à droite.

℞ RESTITVTOR REIPVBLICAE. Valentinien, en habit militaire et lauré, debout de face, regardant à droite, le manteau déployé derrière lui, tenant un étendard orné d'une croix et un globe surmonté d'une Victoire ; dans le champ, une croix ; à l'exergue, ANTΓ entre deux étoiles. (N° 24 var.) T.B. OR.

753. Même légende. Son buste diadémé à gauche, à mi-corps avec le manteau impérial, levant la main droite et tenant un sceptre?

℞ SALVS REIP. Valentinien, en habit militaire, debout de face, regardant à droite, tenant le labarum et un globe surmonté d'une Victoire et posant le pied droit sur un captif à genoux ; dans le champ, à droite, une étoile ; à l'exergue, SMSIS et une palme. (N° 28 var.) F.D.C. OR.

754. Même légende. Son buste diadémé, drapé et cuirassé à droite.

℞ VICTORES AVGVSTI. Valentinien et son fils assis de face, soutenant un globe ; une Victoire, qui vole au-dessus de leurs têtes, les couronne ; à l'exergue, TROB. (N° 30 var.) T.B. OR.

755. Même buste et même légende.

℞ VICTORIA AVGG. Valentinien et son fils assis de face, soutenant un globe ; sur le second plan, une Victoire debout de face, vue à mi-corps ; à l'exergue, TES entre deux étoiles. (N° 35 var.) F.D.C. OR.

756. Même buste et même légende.

℞ VICTORIA AVGVSTORVM. Victoire à demi nue assise à droite sur une cuirasse, écrivant VOT. V. MVL. X. sur un bouclier posé sur un cippe ; dans le champ, à gauche, O, à droite, B, à l'exergue, CONS. et étoile. (N° 38.) F.D.C. OR.

VALENS

(1117-1131 ; de J.-C., 364-378.)

757. D. N. VALENS PER. F. AVG. Son buste diadémé, drapé et cuirassé à droite.

℞ GLORIA ROMANORVM. Valens à cheval à gauche, en habit militaire, levant la main droite ; dans le champ, P ; à l'exergue, ANOBS. (N° 5.) Mod. 6. Poids, 6 gr. 80 c. F.D.C. OR. M.

758. D. N. VALENS P. F. AVG. Son buste diadémé, casqué et cuirassé à gauche, vue de dos, à mi-corps, tenant une lance et un bouclier sur lequel on voit l'empereur à cheval, frappant de sa lance un lion.

℟ VICTORIA D. N. AVGVSTI. Victoire, debout à droite, le pied gauche posé sur un globe, soutenant avec son genou un bouclier sur lequel elle écrit VOT. V. MVLT. X.; le bouclier lui est présenté par un génie debout, nu et ailé; à l'exergue, TESOB. (Supp. n° 2.) Mod. 8. Poids, 9 gr. F.D.C. OR. M.

759. Même légende. Son buste diadémé, drapé et cuirassé à droite.

℟ RESTITVTOR REIPVBLICAE. Valens lauré, en habit militaire, debout de face, regardant à droite, tenant un étendard orné d'une croix et un globe surmonté d'une Victoire; à l'exergue, CONS. et une couronne. (N° 34.) F.D.C. OR.

760. D. N. VALENS PER. F. AVG. Même buste.

℟ Même revers; dans le champ, une croix; à l'exergue, ANTA entre deux étoiles. (N° 36.) B. OR.

761. D. N. VALENS P.F. AVG. Même buste.

℟ VICTORIA AVGVSTORVM. Victoire marchant à gauche, tenant une couronne et une palme; à l'exergue, TROB. (N° 45.) F.D.C. Tiers de sou. OR.

762. Même buste et même légende.

℟ VIRTVS ROMANORVM. Valens et Valentinien debout de face se regardant, soutenant un globe surmonté d'une Victoire de face qui les couronne, et tenant chacun une haste; à l'exergue, CONS entre deux palmes. (N° 51.) T.B. OR.

763. Même légende. Son buste diadémé à gauche avec le manteau impérial, tenant un globe ? et un sceptre.

℟ VOTA PVBLICA. Valens et Valentinien nimbés, assis de face, tenant chacun un livre et un sceptre ? à l'exergue, deux captifs à genoux séparant les lettres S MN I (MN en monogramme). (N° 52 var.) F.D.C. OR.

PROCOPE
(1118-1119; de J.-C., 365-366.)

764. D. N. PROCOPIVS P. F. AVG. Son buste diadémé, drapé et cuirassé à droite.

℞ REPARATIO FEL. TEMP. Procope, en habit militaire, debout de face, regardant à droite, tenant une haste et appuyé sur un bouclier ; à l'exergue, CONS et une palme. (N° 1 var.) Trouée. T.B. OR.

GRATIEN
(1120-1136; de J.-C., 367-383.)

765. D. N. GRATIANVS P. F. AVG. Son buste diadémé, drapé et cuirassé à droite.

℞ PRINCIPIVM IVVENTVTIS. Gratien lauré et nimbé, debout, en habit militaire, à droite, avec le manteau déployé derrière lui, tenant une haste transversale et un globe ; à l'exergue, CONS entre une étoile et une couronne. (N° 21.) T.B. OR.

766. Même légende. Son buste diadémé et drapé à droite.

℞ VICTORIA AVGG. Gratien et Valentinien II assis de face, soutenant un globe ; entre eux, derrière le siège, une Victoire debout de face, vue à mi-corps, et, plus bas, une palme ; à l'exergue, TROBT. (N° 24 var.) T.B. OR.

767. Même légende. Son buste légèrement barbu, diadémé, drapé et cuirassé à droite.

℞ Même revers, mais une des figures plus petites ; à l'exergue, SIR OB. (N° 24 var.) F.D.C. OR.

VALENTINIEN II
(1128-1145; de J.-C., 375-392.)

768. D. N. VALENTINIANVS P. F. AVG. Son buste diadémé, drapé et cuirassé à droite.

℞ CONCORDIA AVGGG. B. Rome casquée, assise de face sur un siège orné de deux têtes de lion, regardant à droite, tenant un sceptre et un globe et posant le pied droit sur une proue de vaisseau ; à l'exergue, COMOB. (N° 9 var.) T.B. OR.

769. D. N. VALENTINIANVS IVN. P. F. AVG. Même buste jeune.

℞ VICTORIA AVGG. (Type du n° 767.) A l'exergue, TROBS. (N° 16.) F.D.C. OR.

770. D. N. VALENTINIANVS P. F. AVG. Son buste diadémé, drapé et cuirassé à droite.

℞ VICTORIA AVGG. (Type du n° 766.) Dans le champ, TR ; à l'exergue, COM. (N° 17.) F.D.C. OR.

771. Même buste et même légende.

℞ VICTORIA AVGVSTORVM. Victoire debout de face, tenant une couronne et un globe surmonté d'une croix ; à l'exergue, COM. (N° 22.) F.D.C. Tiers de sou. OR.

772. Même légende. Son buste diadémé à gauche, avec le manteau impérial, tenant un linge (*mappa*) et un globe?

℞ VOTA PVBLICA. Gratien et Valentinien jeune nimbés, assis de face, tenant chacun un linge (*mappa*) ; à l'exergue, COM. (Supp. n° 7.) B. OR.

THÉODOSE Ier

(1132-1148 ; de J.-C., 379-395.)

773. D. N. THEODOSIVS P. F. AVG. Son buste diadémé, drapé et cuirassé à droite.

℞ CONCORDIA AVGGG. Constantinople tourelée, assise de face, regardant à droite, posant le pied droit sur une proue de vaisseau, tenant un sceptre et un globe ; à l'exergue, CONOB. (N° 12 var.) F.D.C. OR.

774. Même buste et même légende.

℞ CONCORDIA AVGGGG. I'. Rome casquée assise de face, regardant à droite, posant le pied droit sur une proue de vaisseau et tenant une haste et un bouclier sur lequel on lit VOT. V. MVL. X.; à l'exergue, CONOB. (N° 13.) F.D.C. OR.

775. Même buste et même légende.

℞ VICTORIA AVGG. Théodose et Valentinien jeune. (Type décrit au n° 766.) A l'exergue, COM. (N° 19.) F.D.C. OR.

776. Même buste et même légende.

℞ Même revers; dans le champ, MD.; à l'exergue. COM. (N° 19.) F.D.C. OR.

777. Même buste et même légende.

℞ VICTORIA AVGVSTORVM. Victoire marchant à droite, tenant une couronne et un globe surmonté d'une croix; dans le champ, une étoile; à l'exergue, CONOB. (Supp. n° 4 var.) Trouée. T.B. Tiers de sou. OR.

778. La même médaille. T.B. Tiers de sou OR.

FLACCILLE

(Femme de Théodose.)

779. AEL. FLACCILLA AVG. Son buste diadémé et drapé à droite.

℞ SALVS REIPVBLICAE. Victoire assise à droite, écrivant le monogramme du Christ sur un bouclier posé sur un cippe; à l'exergue, CONOB. (N° 2.) T.B. OR.

ARCADIUS

(Monnaies frappées en occident. 1136-1148?; de J.-C., 383-395?)

780. D. N. ARCADIVS P. F. AVG. Son buste diadémé, drapé et cuirassé à droite.

℞ VICTORIA AVGGG. Arcadius, en habit militaire, debout à droite, tenant un étendard et un globe surmonté d'une Victoire et posant le pied sur un captif couché à terre; dans le champ, MD.; à l'exergue, COMOB. (Sabatier N° 18.) F.D.C. OR.

781. Même buste et même légende.

℞ Même revers, mais avec RV dans le champ. (Id. N° 18.) F.D.C. OR.

MAXIME

(1136-1141 ; de J.-C., 383-388.)

782. D. N. MAG. MAXIMVS P. F. AVG. Son buste diadémé, drapé et cuirassé à droite.

℞ RESTITVTOR REIPVBLICAE. Maxime, en habit militaire, le manteau déployé derrière lui, debout de face regardant à droite, tenant le labarum et un globe surmonté d'une Victoire ; dans le champ, une étoile ; à l'exergue, SMTR. (N° 6.) T.B. OR.

783. Même buste et même légende.

℞ VICTORIA AVGG. Maxime et Victor assis. (Type décrit au n° 766.) A l'exergue, TROB. (N° 8.) F.D.C. OR.

784. Même buste et même légende.

℞ VICTORIA AVGVSTORVM. Victoire marchant à gauche, tenant une couronne et une palme ; à l'exergue, SMTR. (N° 10.) F.D.C. Tiers de sou. OR.

EUGÈNE

(1145-1147 ; de J.-C., 392-394.)

785. D. N. EVGENIVS P. F. AVG. Son buste diadémé, drapé et cuirassé à droite.

℞ VICTORIA AVGG. Deux empereurs assis. (Type du n° 766.) Dans le champ, TR. ; à l'exergue, COM. (N° 3.) T.B. OR.

786. Même buste et même légende.

℞ VICTORIA AVGVSTORVM. Victoire marchant à gauche, tenant une couronne et une palme ; dans le champ, TR, ; à l'exergue, COM. (N° 4.) T.B. Tiers de sou, OR.

HONORIUS

(1146-1176; de J.-C., 393-423.)

787. D. N. HONORIVS P. F. AVG. Son buste diadémé à gauche avec le manteau impérial, tenant un linge (*mappa*) et un sceptre ?

℞ GLORIA ROMANORVM. Honorius, en habits impériaux, assis de face, tenant un linge (*mappa*) et un sceptre surmonté d'un aigle ; dans le champ, MD. ; à l'exergue, CONOB. (Supp. n° 3.) T.B. OR.

788. Même légende. Son buste casqué, drapé et cuirassé à droite.

℞ VICTORIA AVGG. Honorius debout de face, posant le pied droit sur un lion, tenant un sceptre surmonté du chrisme et deux javelots ; une main venant d'en haut le couronne ; dans le champ, RV ; à l'exergue, C. B. (N° 20.) Trouée. T.B. OR.

789. Même légende. Son buste diadémé, drapé et cuirassé à droite.

℞ VICTORIA AVGGG. Honorius debout. (Type du n° 780.) Dans le champ, M. D. ; à l'exergue, COMOB. (N° 21.) F.D.C. OR.

790. Même buste et même légende.

℞ Même revers ; dans le champ, RV. ; à l'exergue, COMOB. (N° 21.) T.B. OR.

791. Même buste et même légende.

℞ VICTORIA AVGVSTORVM. Victoire à demi nue assise à droite sur une cuirasse, et génie nu, ailé, debout, posant ensemble sur un cippe un bouclier sur lequel la Victoire écrit VOT. XX. MVLT. XXX. ; dans le champ, RV ; à l'exergue, COMOB. (N° 29.) F.D.C. OR. Q.

792. Même buste et même légende.

℞ Même revers, mais sur le bouclier on lit : VOT. XXX. MVLT. XXXX. (N° 29 var.) T.B. OR. Q.

CONSTANCE III

(1174 ; de J.-C., 421.)

793. D. N. CONSTANTIVS P. F. AVG. Son buste diadémé, drapé et cuirassé à droite.

℞ VICTORIA AVGGG Constance, en habit militaire, debout de face, regardant à droite, tenant un étendard et un globe surmonté d'une Victoire, et posant le pied gauche sur un captif couché à terre ; dans le champ, RV. ; à l'exergue. COMOB. (N° 1.) F.D.C. OR.

PLACIDIE

(Femme de Constance III.)

794. D. N. GALLA PLACIDIA P. F. AVG. Son buste diadémé et drapé à droite, couronné par une main qui vient d'en haut et portant le chrisme sur l'épaule droite.

℞ SALVS REIPVBLICAE. Victoire assise à droite sur une cuirasse, écrivant le monogramme du Christ sur un bouclier qu'elle tient sur son genou ; dans le champ, RV : à l'exergue, COMOB. (N° 3.) T.B. OR.

795. Même buste et même légende.

℞ VOT. XX. MVLT. XXX. Victoire debout à gauche, tenant une croix ; en haut, une étoile ; dans le champ, RV ; à l'exergue, COMOB. (N° 10.) F.D.C. OR.

796. Même buste et même légende.

℞ Même revers avec AQ dans le champ. (N° 10.) F.D.C. OR.

797. Même légende. Son buste diadémé et drapé à droite, avec une croix sur l'épaule droite.

℞ Sans légende, le chrisme dans une couronne de laurier ; à l'exergue, COMOB. (N° 12.) F.D.C. Tiers de sou. OR.

CONSTANTIN III

(1160-1164; de J.-C., 407-411.)

798. D. N. CONSTANTINVS P. F. AVG. Son buste diadémé, drapé et cuirassé à droite.

℞ VICTORIA AVGGG. Constantin debout. (Type décrit au n° 793.) Dans le champ, AR ; à l'exergue, CONOB. (N° 3.) T.B. OR.

799. Même buste et même légende.

℞ Même revers, sans lettres dans le champ et à l'exergue, TROBS. (N° 3.) F.D.C. OR.

800. Même buste et même légende

℞ VICTORIA AVGGGG. Même type ; dans le champ, LD ; à l'exergue, COMOB. (N° 4.) F.D.C. OR.

JOVIN

(1164-1166 ; de J.-C., 411-413.)

801. D. N. IOVINVS P. F. AVG. Son buste diadémé, drapé et cuirassé à droite.

℞ RESTITVTOR REIP. Jovin debout. (Type décrit au n° 793.) Dans le champ, TR ; à l'exergue, COMOB. (N° 1.) F.D.C. OR.

ATTALE

(1162-1169; de J.-C., 409-416.)

802. PRISCVS ATTALVS P. F. AVG. Son buste diadémé, drapé et cuirassé à droite.

℞ INVICTA ROMA AETERNA. Rome casquée assise de face, tenant de la main droite un globe surmonté d'une Victoire qui lui présente une couronne, et de la gauche, un sceptre ; dans le champ, RM ; à l'exergue, COMOB. (N° 3.) F.D.C. OR.

JEAN

(1176-1178; de J.-C., 423-425.)

803. D. N. IOHANNES P. F. AVG. Son buste diadémé, drapé et cuirassé à droite.

℞ VICTORIA AVGGG. Jean debout (Type décrit au n° 793.) Dans le champ, RV; à l'exergue, COMOB. (N° 2.) F.D. C.OR.

VALENTINIEN III

(1177-1208; de J.-C., 424-455.)

804. D. N. VALENTINIANVS P. F. AVG. Son buste casqué et cuirassé de face, tenant une haste et un bouclier.

℞ IMP. XXXXII COS. VII. P.P. Rome casquée assise à gauche, accoudée sur un bouclier, tenant un globe surmonté d'une croix et un sceptre ; dans le champ, une étoile; à l'exergue, CONOB. (N° 4.) T.B. OR.

805. D. N. PLA. VALENTINIANVS P. F. AVG. Son buste diadémé, drapé et cuirassé à droite.

℞ SALVS REIPVBLICAE. Autour d'une couronne de laurier dans laquelle on voit le chrisme ; à l'exergue, COMOB. (N° 6.) T.B. OR. Q.

806. Même légende et même buste ; au-dessus de la tête, une couronne.

℞ VICTORIA AVGGG. Valentinien debout de face, posant le pied droit sur une tête de dragon, et tenant une croix et un globe surmonté d'une Victoire; dans le champ, RV ; à l'exergue, COMOB. (N° 12.) F.D.C. OR.

807. Même légende. Son buste diadémé à gauche avec le manteau impérial, tenant un linge (*mappa*) et un sceptre surmonté d'une croix.

℞ VICTORIA AVGGG. Valentinien assis de face, tenant un linge (*mappa*) et une croix; dans le champ, RM ; à l'exergue; COMOB. (Inédit.) F.D.C. OR.

808. Même légende. Son buste diadémé, drapé et cuirassé à droite.

℞ VICTORIA AVGGG. Théodose II et Valentinien debout de face, tenant chacun une croix et un globe ; entre eux, une tête de dragon ; une main couronne Valentinien ; dans le champ, RM ; à l'exergue, COMOB. (N° 15 var.) F.D.C. OR.

809. Même buste et même légende.

℞ VICTORIA AVGVSTORVM. Victoire à demi nue assise à droite sur une cuirasse, posant sur un cippe un bouclier que lui présente un génie et sur lequel est le chrisme ; dans le champ, RV ; à l'exergue, COMOB. (N° 17 var.) T.B. OR. Q.

810. D. N. VALENTINIANVS P. F. AVG. Même buste.

℞ VICTORIA AVGVSTORVM. Victoire debout de face, tenant une couronne et un globe surmonté d'une croix ; dans le champ, une étoile ; à l'exergue, COMOB. (N° 16 var.) T.B. Tiers de sou. OR.

811. D. N. PLA. VALENTINIANVS P. F. AVG. Son buste diadémé à gauche avec le manteau impérial, tenant un linge (*mappa*) et une croix.

℞ VOT. XXX. MVLT. XXXX. Valentinien debout de face, en habits impériaux, tendant la main à une femme agenouillée et tenant une croix ; dans le champ, RM ; à l'exergue, COMOB. (N° 23 var.) F.D.C. OR.

812. Même légende. Son buste diadémé, drapé et cuirassé à droite.

℞ Sans légende. Croix dans une couronne de laurier ; à l'exergue, COMOB. (N° 26.) F.D.C. Tiers de sou. OR.

HONORIA

(Sœur de Valentinien III.)

813. D. N. IVST. GRAT. HONORIA. P. F. AVG. Son buste diadémé et drapé à droite, couronné par une main d'en haut et portant une croix sur l'épaule droite.

℞ BONO REIPVBLICAE. Victoire debout à gauche, tenant une croix; en haut, une étoile; dans le champ, RV; à l'exergue, COMOB. (N° 1.) F.D.C. OR.

PÉTRONE MAXIME

(1208; de J.-C., 455.)

814. D. N. PETRONIVS MAXIMVS P. F. AVG. Son buste diadémé, drapé et cuirassé à droite.

℞ VICTORIA AVGGG. Pétrone Maxime debout de face, écrasant du pied droit la tête d'un dragon et tenant une croix et un globe surmonté d'une Victoire; dans le champ, RM; à l'exergue, COMOB. (N° 1.) F.D.C. OR.

AVITE

(1208-1209; de J.-C., 455-456.)

815. D. N. AVITVS PERP. F. AVG. Son buste diadémé, drapé et cuirassé à droite.

℞ VICTORIA AVGGG. Avite debout de face regardant à droite, posant le pied gauche sur un captif couché à terre et tenant une croix et un globe surmonté d'une Victoire; dans le champ, AR; à l'exergue, COMOB. (N° 1.) F.D.C. OR.

MAJORIEN

(1210-1214; de J.-C., 457-461.)

816. D. N. IVLIVS MAIORIANVS P. F. AVG. Son buste casqué, diadémé et drapé à droite, tenant une haste dirigée à droite et un bouclier orné du chrisme.

℞ VICTORIA AVGGG. Majorien debout. (Type décrit au n° 814.) Dans le champ, AR; à l'exergue, COMOB. (N° 1.) F.D.C. OR.

817. Même buste et même légende.

℞ Sans légende. Croix dans une couronne; à l'exergue, COMOB. (N° 9.) F.D.C. Tiers de sou. OR.

SÉVÈRE III
(1214-1218; de J.-C., 461-465.)

818. D. N. LIBIVS SEVERVS P. F. AVG. Son buste diadémé, drapé et cuirassé à droite.

℞ SALVS REIPVBLICAE. Autour d'une couronne de laurier dans laquelle on voit le chrisme; à l'exergue, COMOB. (N° 1.) F.D.C. OR. Q.

819. D. N. SEVERVS P. F. AVG. Même buste.

℞ VICTORIA AVGGG. Victoire debout de face regardant à droite, tenant une croix; à l'exergue, COMOB. (N° 3.) T.B. Tiers de sou. OR.

820. D. N. LIBIVS SEVERVS P. F. AVG. Même buste.

℞ VICTORIA AVGGG. Sévère debout. (Type décrit au n° 814.) Dans le champ, RV; à l'exergue, COMOB. (N° 6.) T.B. OR.

821. D. N. LIB. SEVERVS P. F. AVG. Même buste.

℞ Sans légende. Croix dans une couronne de laurier; à l'exergue, COMOB. (N° 12.) T.B. Tiers de sou. OR.

ANTHÈME
(1220-1225; de J.-C., 467-472.)

822. D. N. ANTHEMIVS P. F. AVG. Son buste casqué et cuirassé de face, tenant une haste et un bouclier.

℞ SALVS REIPVBLICAE. Anthème et Léon, en habit militaire, debout de face, soutenant un globe surmonté d'une croix et tenant chacun une haste; dans le champ, RM; à l'exergue, COMOB et une étoile. (N° 5 var.) F.D.C. OR.

823. Même légende. Son buste diadémé, drapé et cuirassé à droite.

℞ SALVS REIPVBLICAE. Autour d'une couronne de laurier dans laquelle on voit le chrisme; à l'exergue, CONOB. (Supp. n° 2.) F.D.C. OR. Q.

824. Même buste et même légende.

℞ Sans légende. Croix dans une couronne de laurier ; à l'exergue, COMOB. (N° 16.) F.D.C. Tiers de sou. OR.

OLYBRIUS

(1225 ; de J.-C., 472.)

825. D. N. ANICIVS OLYBRIVS AVG. Son buste diadémé et drapé à droite.

℞ Sans légende. Croix dans une couronne; à l'exergue, COMOB. (N° 4.) T. B. Tiers de sou. OR.

GLYCÈRE

(1226-1227 ; de J.-C., 473-474.)

826. D. N. GLYCERIVS F. P. AVG. Son buste diadémé, drapé et cuirassé à droite.

℞ VICTORIA AVGG. Glycère debout de face, posant le pied droit sur un tabouret, tenant une croix et un globe surmonté d'une Victoire ; dans le champ, RV ; à l'exergue, COMOB et étoile (N° 2.) T.B. OR.

JULES NÉPOS

(1227-1233 ; de J.-C., 474-480.)

827. D. N. IVL. NEPOS P. F. AVG. Son buste casqué et cuirassé de face, tenant une haste et un bouclier sur lequel est représenté l'empereur à cheval.

℞ VICTORIA AVGGG. Victoire debout à gauche, tenant une croix ; dans le champ, RV ; à l'exergue, COMOB. (N° 3.) F.D.C OR.

828. Même buste et même légende.

℞ Sans légende. Croix dans une couronne; à l'exergue, COMOB. (N° 9.) T.B. Tiers de sou. OR.

ROMULUS AUGUSTE OU AUGUSTULE

(1228-1229; de J.-C., 475-476.)

829. D. N. ROMVLVS AVGVSTVS P. F. AVG. Son buste casqué et cuirassé de face, tenant une haste et un bouclier.

℞ VICTORIA AVGGG. Victoire debout à gauche, tenant une croix; dans le champ, une étoile; à l'exergue, COMOB. (N° 2 var.) F.D.C. OR.

EMPIRE D'ORIENT

ARCADIUS

(395-408.)

830. D. N. ARCADIVS. P.F. AVG. Buste casqué d'Arcadius, en costume militaire, vu de trois quarts et portant la lance sur l'épaule; le bouclier de l'empereur offre un cavalier terrassant un ennemi.

℞ CONCORDIA AVGG. S. Constantinople casquée assise de face et regardant à dr., le pied droit sur une proue de vaisseau, tenant la haste et le globe nicéphore; à l'ex., CONOB.

(S. 11[1].) — Sou d'or. T. B.

831. D. N. ARCADIVS P.F. AVG. Buste diadémé d'Arcadius à dr.

℞ CONCORDIA AVGGG. B. Constantinople casquée assise de face et regardant à dr., le pied droit posé sur une proue de vaisseau; devant, un bouclier sur un cippe avec ces mots, inscrits en quatre lignes : VOT. V. MVL. X; à l'ex., CONOB.

(S. 12.) — Sou d'or. T. B.

Les numéros cités sont ceux de l'ouvrage de Sabatier, *Monnaies byzantines*.

EUDOXIE

(Femme d'Arcadius, 395-404.)

832. AEL. EVDOXIA AVG. Buste diadémé d'Eudoxie à dr.

℞ SALVS REIPVBLICAE. Victoire assise à dr. sur une cuirasse et inscrivant le monogr. du Christ sur un bouclier supporté par un cippe ; à l'ex., CONOB.

(S. 3.) — Sou d'or. T. B.

THÉODOSE II

(408-450.)

833. D. N. THEODOSIVS. P.F. AVG. Buste casqué et de face de Théodose II, en costume militaire, tenant la lance sur l'épaule droite, et un bouclier sur lequel on voit un cavalier terrassant un ennemi.

℞ CONCORDIA AVGG. Θ. Constantinople casquée et assise à dr., le pied sur une proue de vaisseau, tenant un sceptre et le globe nicéphore ; dans le champ à g., une étoile.

(S. 2.) — Sou d'or. T. B.

834. Même légende et même buste.

℞ GLOR. ORVIS. TERRAR. E. L'empereur debout de face, en costume militaire, tenant le labarum et le globe crucigère. Dans le champ à g., une étoile ; à l'ex., CONOB.

(S. 3 var.) — Sou d'or. T. B.

835. D. N. THEODOSIVS. P.F. AVG. Buste casqué et tourné à dr. de Théodose, en costume militaire, tenant un bouclier et une haste ; sur le bouclier, un cavalier terrassant un ennemi.

℞ GLORIA REIPVBLICAE. Rome et Constantinople casquées assises et soutenant un bouclier sur lequel on lit, en quatre lignes : VOT.XV. MVL. XX. Chacune tient un sceptre ; sous les pieds de celle de droite, une proue de vaisseau ; à l'ex., CONOB ; dans le champ, une étoile.

(S. 4 var.) — Sou d'or. F. D. C.

836. D. N. THEODOSIVS. P.F. AVG. Buste casqué et de face de Théodose, en costume militaire, tenant un bouclier sur lequel on voit un cavalier terrassant un ennemi, et la lance sur l'épaule droite.

℞ IMP. XXXII. COS. XVII. PP. Rome casquée assise à g., le pied gauche sur une proue de vaisseau, tenant un sceptre et un globe crucigère; derrière, un bouclier; dans le champ, une étoile; à l'ex., CONOB.

(S. 6.) — Sou d'or. B.

837. Même légende et même buste.

℞ SALVS REIPVBLICAE. Théodose assis de face, tenant un volumen dans sa main dr. élevée, et de l'autre main une croix surmontée d'une étoile; à sa g. Valentinien III de face et debout, tenant la main dr. élevée, et de la g. tenant une croix; à l'ex., CONOB.

(S. 8.) — Sou d'or. T. B.

838. Même légende et même buste.

℞ Le même, mais dans le champ A ; on voit que Valentinien III tient aussi le volumen de la main dr.

(S. 9. var.) — Sou d'or. F. D. C.

839. Même légende et même buste.

℞ VOT. XX. MVLT. XXX. I. Victoire allant à g. tenant une longue croix; à l'ex., CON. OB.

(S. 13.) — Sou d'or. F. D. C.

840. Même légende et même buste.

℞ VOT. XXX. MVLT. XXXX. B. Constantinople casquée assise à g., le pied sur une proue de vaisseau, tenant un sceptre et le globe crucigère; derrière, un bouclier; dans le champ, une étoile; à l'ex., CONOB.

(S. 14.) — Sou d'or. T. B.

EUDOXIE

(Femme de Théodose II, 421-450.)

841. AEL. EVDOCIA AVG. Buste diadémé d'Eudoxie à dr.; au-dessus de la tête, une main tenant une couronne.

℞ VOT. XX. MVLT. XXX. I. A l'ex., CONOB. Victoire à g. tenant une longue croix ; en haut, une étoile.

(S. 1.) — Sou d'or. T. B.

842. Même légende et même buste.

℞ VOT. XXX. MVLT. XXXX. Constantinople casquée assise à g., tenant une haste et le globe crucigère, le pied sur une proue de vaisseau ; derrière, un bouclier ; dans le champ, une étoile ; à l'ex., CONOB.

(Inédit.) — Sou d'or. B.

843. Même légende et même buste, sans la main tenant une couronne.

℞ Croix dans une couronne ; à l'ex. CONOB et une étoile.

(S. 3.) — Tiers de sou d'or. B.

MARCIEN

(450-457.)

844. D. N. MARCIANVS P.F. AVG. Buste casqué de face de Marcien, en costume militaire, avec le bouclier au cavalier et la lance sur l'épaule dr.

℞ VICTORIA AVGGG. I. Victoire debout à g. tenant une longue croix ; dans le champ, une étoile ; à l'ex., CONOB.

(S. 4.) — Sou d'or. B.

845. D. N. MARCIANVS P.F. AVG. Buste diadémé de Marcien à dr.

℞ VICTORIA AVGGG. L'empereur de face debout, en habit militaire, le pied dr. sur une tête de dragon, et tenant une longue croix et un globe nicéphore ; à l'ex., CONOB ; dans le champ, R.V.

(S. 6.) — Sou d'or. B.

PULCHÉRIE

(Femme de Marcien, 414-453.)

846. AEL. PVLCHERIA AVG. Buste diadémé de Pulchérie à dr. couronné par une main.

℞ IMP. XXXII. COS. XVII. PP. Constantinople casquée assise à g. tenant le sceptre et le globe crucigère, le pied dr. sur une proue de vaisseau; derrière, un bouclier; dans le champ, une étoile; à l'ex., CONOB.

(S. 1.) — Sou d'or. B.

847. Même légende et même buste.

℞ SALVS REIPVBLICAE. Victoire à demi nue assise à dr. sur une cuirasse, tenant sur ses genoux un bouclier portant le monogramme du Christ; dans le champ, une étoile; à l'ex., CONOB.

(S. 2.) — Sou d'or. T. B.

848. Même légende et même buste.

℞ VICTORIA AVGGG. A l'ex., CONOB. Victoire debout à g. tenant une longue croix; dans le champ, une étoile.

(S. 3.) — Sou d'or. B.

849. Même légende et même buste.

℞. VOT. XX. MVLT. XXX. A l'ex., CONOB. Victoire debout à g., tenant une longue croix; en haut, une étoile.

(S. 4.) — Sou d'or. B.

850. Même pièce, mais MVLT. XXXI.

(Inédit.) — Sou d'or. B.

851. Même légende et même tête, mais sans la main qui tient la couronne.

℞ Longue croix dans une couronne de laurier; à l'ex., CONOB et une étoile.

(S. 9.) — Tiers de sou d'or. B.

LÉON Ier

(457-474.)

852. D. N. LEO PERPET. AVG. Buste casqué de face de Léon, en costume militaire, avec un bouclier et la lance sur l'épaule dr.

℞ SALVS REIPVRLICAE. E. L'empereur nimbé de face

tenant le globe crucigère; dans le champ, une étoile; à l'ex..
CONOB.

(Inédit.) — Sou d'or. B.

853. Même légende et même buste.

℞ VICTORIA AVG. Θ. Victoire marchant à g. tenant une longue croix; dans le champ, une étoile; à l'ex., CONOB.

(S. 4.) — Sou d'or. B.

854. D.N. LEO PERPET. AVG. Buste diadémé de Léon vêtu de la robe à carreaux ornée de perles et tourné à g.; dans la main dr. le volumen et dans l'autre une longue croix.

℞ VICTORIA AVGGG. A l'ex., THSOB. L'empereur de face, nimbé, assis sur le trône, la main dr. élevée et tenant dans l'autre le globe crucigère; dans le champ, une étoile.

(S. 5.) — Sou d'or. F.D. C.

855. Même légende; buste diadémé de Léon à dr.

℞ VICTORIA AVGGG. L'empereur diadémé debout et de face, tenant une longue croix et le globe nicéphore, le pied droit posé sur la tête d'un dragon; dans le champ, M.D.; à l'ex., CONOB.

(S. 6.) — Sou d'or.

VÉRINE

(Femme de Léon Ier, 457-474.)

856. AEL. VERINA AVG. Buste diadémé de Vérine à dr. couronné par une main.

℞ VICTORIA AVGGG. Victoire à g. tenant une longue croix; dans le champ à dr., une étoile; à l'ex., CONOB.

(S. 1.) — Sou d'or. T. B.

857. Même légende et même buste, mais sans la main qui tient la couronne.

℞ Croix dans une couronne de laurier; à l'ex., CONOB.

(S. 2.) — Tiers de sou d'or.

ZÉNON

(474-491.)

858. D. N. ZENO PERP. AVG. Buste casqué de face de Zénon, en costume militaire, avec le bouclier et la lance sur l'épaule dr.

℞ VICTORIA AVGGG. I. Victoire marchant à g., tenant une longue croix; dans le champ, une étoile; à l'ex., CONOB.

(S. 1.) — Sou d'or. B.

859. D. N. ZENO PERP. AVG. Buste diadémé de Zénon à dr.

℞ VICTORIA AVGGG. Victoire assise à dr. sur une cuirasse et tenant sur ses genoux un bouclier où elle inscrit le chiffre XXX; devant, le monogramme du Christ; derrière, une étoile; à l'ex., CONOB.

(S. 3.) — Demi-sou d'or.

860. Même légende et même buste.

℞ Croix dans une couronne de laurier; à l'ex., CONOB.

(S. 7.) — Tiers de sou d'or. B.

ARIADNE

(Femme de Zénon, 459-515.)

861. AEL. ARIADNE AVG. Buste diadémé d'Ariadne à dr.

℞ Croix dans une couronne de laurier; à l'ex., CONOB et une étoile.

(S. 2.) — Tiers de sou d'or. B

BASILISCUS

(476-477.)

862. D. N. BASILISCVS PP. AVG. Buste casqué de face de Basiliscus, en costume militaire, avec le bouclier et la lance sur l'épaule dr.

℞ VICTORIA AVGGG. Victoire à g. tenant une longue croix; dans le champ, une étoile ; à l'ex., CONOB.

(S. 1.) — Sou d'or. B.

863. D. N. BASILISCVS PERT. AVG. Buste diadémé à dr.

℞ Croix dans une couronne ; à l'ex., CONOB.

(S. 7.) — Tiers de sou d'or. B.

BASILISCUS ET SON FILS MARCUS

864. D. N. BASILISCI. ET MARC. P. AVG. Buste casqué de face de Basiliscus avec le bouclier et la lance.

℞ SALVS REIPVBLICAE. Les deux augustes nimbés et assis de face sur le même siège, tenant chacun un globe ; à l'ex., CONOB.

(S. 1.) — Sou d'or. B.

ANASTASE

(479-518.)

865. D. N. ANASTASIVS P. P. AVG. Buste de face et casqué d'Anastase avec le bouclier et tenant la lance sur l'épaule dr.

℞ VICTORIA AVGGG. Θ. Victoire debout tenant une longue croix; à l'ex., CONOB.

(S. 2.) — Sou d'or. T. B.

866. Même légende, buste diadémé d'Anastase à dr.

℞ Victoire à demi nue, assise à dr. et écrivant le nombre XXXX sur un bouclier qu'elle tient sur ses genoux; étoile et monogr. du Christ dans le champ; à l'ex., CONOB.

(S. 4.) — Demi-sou d'or.

867. Même légende et même buste.

℞ VICTORIA AVGVSTORVM ; à l'ex., CONOB. Victoire regardant à g. et tenant la couronne et le globe crucigère; dans le champ, une étoile.

(S. 5.) — Tiers de sou d'or.

868. Variété de la pièce précédente.

(S. 5.) — Tiers de sou d'or. T. B.

869. Même pièce d'un style barbare.

(S. 5.) — Tiers de sou d'or.

870. D. N. ANASTASIVS P. F AVG. Buste diadémé de l'empereur à droite.

℞ VICTORIA AVGVSTORVM. Victoire assise sur une cuirasse, tenant avec un génie ailé un bouclier, sur lequel on lit : VOT. P. C. ; à l'exergue, CONOB.

(S. var. du n° 6.) — Demi-sou d'or. T. B.

JUSTIN Ier

(518-527.)

871. D. N. IVSTINVS P.F. AVG. Buste casqué de face de Justin avec le bouclier, tenant la lance sur l'épaule droite.

℞ VICTORIA AVGGG. IS. Victoire tournée à gauche, tenant une longue croix.

(S. 1.) — Sou d'or. B.

872. Même légende. Buste diadémé à droite.

℞ VICTORIA AVGVSTORVM. Victoire regardant à gauche, tenant une couronne et le globe crucigère ; dans le champ, une étoile et à l'exergue, CONOB.

(S. 4.) — Tiers de sou d'or.

JUSTIN ET JUSTINIEN

873. D. N. IVSTIN. ET IVSTINI PP. AVG. Les deux empereurs nimbés, tenant le globe dans la main droite et assis de face, entre leurs têtes une croix, et à l'exergue, CONOB.

℞ VICTORIA AVGGG. E. Victoire debout de face, tenant une longue croix et le globe crucigère ; dans le champ, une étoile ; à l'exergue, CONOB.

(S. 1.) — Sou d'or. T. B.

JUSTINIEN

(527-565.)

874. D. N. IVSTINIANVS PP. AVG. Buste de face et casqué de Justinien, tenant le globe crucigère dans la main droite.

℞ VICTORIA AVGGG. B. Victoire de face tenant une croix terminée par le monogramme du Christ, et de l'autre main le globe crucigère. Dans le champ, une étoile; à l'exergue, CONOB.

(S. 3.) — Sou d'or. B.

875. Même légende; buste diadémé à droite.

℞ Victoire tournée à gauche, tenant une couronne et le globe crucigère.

(S. 6.) — Tiers de sou d'or. B.

876. Variété de la pièce précédente; dans le champ, une étoile.
(S. 6.) — Tiers de sou d'or. B.

JUSTIN II

(565-578.)

877. D. N. IVSTINVS P.P. AVG. Buste de face et casqué de Justin II, avec le bouclier et tenant un globe nicéphore dans la main droite.

℞ VICTORIA AVGGG. Z. Victoire assise à droite, tenant une haste et le globe crucigère; à l'exergue, CONOB.

(S. 1.) — Sou d'or. B.

878. Variété de la pièce précédente, d'une fabrique différente; à la fin de la légende du revers, P au lieu de Z.

(S. 1.) — Sou d'or. B.

879. Même légende et même buste.

℞ Le même. A la fin de la légende, I; à l'exergue, OB. XX.

(S. 1 var.) — Sou d'or.

TIBÈRE II CONSTANTIN

(578-582.)

880. D. M. TIB. CONSTANT. PP. AVG. Buste de face avec la tête ornée d'un diadème surmonté d'une croix ; Tibère, en costume militaire, avec le bouclier, tient le globe crucigère de la main droite.

℞ VICTORIA AVG. H. Croix sur quatre degrés ; à l'exergue, CONOB.

(S. 1.) — Sou d'or. F. D. C.

881. Même pièce d'un style différent ; à la fin de la légende du revers, Γ.

(S. 1.) — Sou d'or. B.

882. CONSTANT. AVCAIO ? FELIX. Buste diadémé de face de Tibère, tenant le volumen dans la main droite et dans la gauche un sceptre surmonté d'un aigle.

℞ VICTOR. TIBERI. AVG. Croix sur quatre degrés ; à l'exergue, CONOB.

(S. 3.) — Sou d'or. T. B.

883. D. M. COSTANTINVS PP. AS. Buste diadémé de Tibère Constantin à droite.

℞ VICTOR. TIBERI. AVS. Croix ; à l'exergue, CONOB.

(S. 5.) — Tiers de sou d'or. B.

MAURICE TIBÈRE

(582-602.)

884. D. N. MAVRC. TIB. PP. AVG. Buste de face et casqué de Maurice tenant le globe crucigère dans la main droite.

℞ VICTORIA AVGG. A. Victoire debout de face, tenant une croix terminée par le monogramme du Christ, et le globe crucigère ; à l'exergue, CONOB.

(S. 1 Bis.) — Sou d'or. B.

885. D. N. MAVRIC. TB. PP. AVIT. Buste de face casqué de Maurice Tibère tenant un globe crucigère.

℞ VICTORIA AVGG. IΓ. Victoire de face tenant une croix et un globe crucigère ; à l'exergue, CONOB.

(S. 2.) — Sou d'or. B.

886. Même pièce. La légende du revers finit par un Є. La pièce est moins large et d'un aspect globuleux.

(S. 2 var.) — Sou d'or. B.

887. D. N. MAVRI. TIB. P. AVG. Buste diadémé à droite.

℞ VICTORIA AVGVSTORVM. Victoire de face ; à l'exergue, CONOB.

(S. 5.) — Tiers de sou d'or.

FOCAS

(602-610.)

888. D. N. FOCAS PERP. AVG. Buste barbu de face et diadémé de Focas tenant de la main droite le globe crucigère.

℞ VICTORIA AVG. VΘ. Victoire de face tenant une croix terminée par le monogramme du Christ et le globe crucigère ; à l'exergue, CONOB.

(S. 1.) — Sou d'or. B.

889. Même pièce, mais I à la fin de la légende du revers.

(S. 1.) — Sou d'or. T. B.

890. Même pièce ; mais Z à la fin de la légende du revers ; pièce moins large et globuleuse.

(S. var. 1.) — Sou d'or. B.

891. D. N. FOCAS PERP. AVG. Buste diadémé de Focas à droite.

℞ VICTORIA AVGVSTORVM. Victoire de face tenant une couronne et le globe crucigère ; dans le champ, une étoile ; à l'exergue, CONOB.

(S. 5.) — Tiers de sou d'or. B.

892. Même légende et même buste.

℞ VICTORIA AVGG. E. Croix et à l'exergue, CONOB.
Tiers de sou d'or. B.

HERACLIUS CONSUL ET HERACLIUS CONSTANTIN

893. D. N. ERACAI. CONSVAIB. Bustes de face et barbus; entre les deux bustes, une croix.

℞ VICTORIA CONSABIA. Croix sur quatre degrés; à l'exergue, CONOB.

(S. 8.) — Sou d'or.

894. D. N. ERACLIO CONSVLIBA. Mêmes bustes que sur le numéro précédent.

℞ VICTORIA AVGG. Γ. Croix sur quatre degrés; à l'exergue, CONOB.

(Inédit.) — Sou d'or. F. D. C.

HERACLIUS SEUL

(610-641.)

895. D.N. HERACLIVS PP. AVG. Buste de face et casqué d'Héraclius tenant le globe crucigère dans la main droite ; sur le cimier du casque, une petite croix.

℞ VICTORIA AVGG. H. Croix potencée sur trois degrés.
(S. 2.) — Sou d'or. F. D. C.

896. Même pièce, mais la légende du revers finit par VE.
(S. 2.) — Sou d'or. B.

897. D. N. HERACLIVS PP. AVG. Buste diadémé de Héraclius à droite.

℞ VICTORIA AVG. VE. Croix potencée et à l'exergue, CONOB.

(S. 5.) — Tiers de sou d'or.

898. Même pièce. Légende barbare.

(S. 5. var.) — Tiers de sou d'or. B.

899. D.N. HERACLI. PERP. AVG. Buste diadémé à droite.

℞ VICTORIA AVGVSTORVM. Croix potencée; à l'exergue, CONOB.

(S. 7.) — Tiers de sou d'or. B.

900. Même légende et même buste.

℞ VICTORI HERACLI. Croix potencée.

(Inédit). — Tiers de sou d'or.

901. D. N. HRACLIO PP. A. Buste diadémé à droite.

℞ VICTRIA AGG.... Croix sur un globe.

(Inédit.) — Tiers de sou d'or.

HERACLIUS ET HERACLIUS CONSTANTIN
(613-641.)

902. DD. NN. HERACLIVS ET HERA. CONST. PP. AG. Bustes de face et diadémés des deux augustes; Héraclius est barbu et son fils imberbe ; entre les deux têtes, une petite croix.

℞ VICTORIA AVGVE. Croix sur quatre degrés; à l'exergue, CONOB ; dans le champ, I.

(S. 48 Bis.) — Sou d'or. B.

903. Même pièce que la précédente; dans le champ, N.

(S. 48 Bis.) — Sou d'or. B.

904. D.N. ERCAO. ET ERA. Mêmes bustes.

℞ VICTORIA AVGG. S. Croix sur deux degrés ; à l'exergue, CONOB.

(S. 50.) — Sou d'or sur flan épais.

HERACLIUS, HERACLIUS CONSTANTIN ET HERACLEONAS
(638-641.)

905. Pas de légende. Les trois augustes de face et debout, tenant le globe crucigère.

℞ VICTORIA AVGNB. Croix potencée sur quatre degrés ; à l'exergue, CONOB. Dans le champ, le monogramme d'Héraclius.

(S. 106.) — Sou d'or. B.

906. Même pièce. La légende du revers finit par un A. Dans le champ, le monogramme et un A.

(S. 106.) — Sou d'or. T.B.

907. Même pièce ; la légende du revers finit par un Z. Dans le champ, le monogramme et les lettres L.B. en monogramme.

(S. 106.) — Sou d'or.

CONSTANT II

(641-668.)

908. D.N. CONSTANTINVS PP. AVG. Buste diadémé barbu de face de Constant II tenant le globe crucigère.

℞ VICTORIA AVG. UB. Croix potencée sur quatre degrés ; à l'exergue, CONOB. C.

(S. 2.) — Sou d'or. B.

909. D.N. CONSTANTIN. P. Buste barbu de Constant II.

℞ VICTORIA.. Croix potencée sur quatre degrés ; à l'exergue, CONOB.

(Inédit.) — Sou d'or épais. B.

910. Variété de la pièce précédente.

(Inédit.) — Sou d'or épais.

CONSTANT II ET CONSTANTIN POGONAT

911. ...CONST. Bustes diadémés et de face des deux augustes ; Constant II barbu portant le globe crucigère.

℞ VICTORIA AV. B. Croix potencée sur trois degrés. Dans le champ, P. ; à l'exergue, CONOB.

(S. 1.) — Sou d'or épais. B.

912. D.N. CONSTANTINVS C. CONSTAN. Bustes de face et diadémés des deux augustes ; le père porte des moustaches et une forte barbe ; le fils est imberbe.

℞ VICTORIA AVSVI. Croix potencée sur trois degrés; à l'exergue, CONOB.

(S. 2.) — Sou d'or. T.B.

CONSTANT II CONSTANTIN POGONAT, HERACLIUS ET TIBÈRE
(659-668.)

913. VICTORIA AVGVS. Buste de face diadémé de Constant II, tenant le globe crucigère dans la main droite.

℞ Les trois fils de Constant II diadémés, de face et debout, chacun d'eux tient dans la main droite une longue croix; à l'exergue, CONOB.

(S. 15.) — Sou d'or. B.

914. ... ANT... Bustes de face et diadémés des deux augustes ; entre les deux têtes, une petite croix.

℞ VICTORIA AVGVS. Croix potencée sur trois degrés, entre les effigies d'Héraclius et de Tibère, tenant chacun le globe crucigère ; à l'exergue, CONOB.

(S. 18.) — Sou d'or. B.

915. D.N. CONSTANTIN. Même pièce. La croix du revers n'est pas potencée et elle est placée sur un globe.

(Inédit.) — Sou d'or. T.B.

CONSTANTIN IV POGONAT, HERACLIUS ET TIBÈRE
(668-669.)

916. DOM. COST ? Buste de face diadémé de Constantin IV tenant le globe crucigère.

℞ Bustes diadémés et de face des deux jeunes frères de l'empereur, tenant le globe crucigère ; ils sont séparés par une longue croix placée sur trois degrés.

(S. 1.) — Sou d'or épais.

917. D.N. CONSTANTINVS COI? Buste de face de Constantin IV, tenant le globe crucigère de la main droite.

℞ VICTORIA AVSVO. Croix potencée sur trois degrés, entre les deux augustes diadémés de face debout, tenant chacun un globe crucigère ; à l'exergue, CONOB.

(S. 2.) — Sou d'or. B.

918. D.N. CONSTNVS P. Buste de face et casqué de Constantin IV, en costume militaire, avec le bouclier au cavalier et tenant la lance transversale sur l'épaule droite.

℞ VICTORIA AV... et à l'exergue, CONOB. Croix potencée sur trois degrés entre les deux augustes diadémés, de face et debout, tenant chacun le globe crucigère dans la main droite.

(S. 3.) — Sou d'or. T.B.

919. Variété de la pièce précédente. Fabrique barbare.

(S. 3.) — Sou d'or.

CONSTANTIN IV, POGONAT

(669-685.)

920. D.N. CONSTAN...VS. PP. A. Buste de face et casqué de Constantin IV, en costume militaire, tenant la lance transversale sur l'épaule droite.

℞ VICTORIA AVSVB ? et à l'exergue, CONOB. Croix potencée sur trois degrés.

(S. 20.) — Sou d'or. T.B.

921. D.N. COS .. AN. P.S. Même buste.

℞ ΘICIXASROTEA ? Croix potencée sur quatre degrés ; à l'exergue, CNB.

(Inédit.) — Sou d'or épais. T.B.

922. D. N. CONSTANTINVS P.P. A. Buste diadémé de Constantin IV à droite.

℞ VICTORIA AVSUS. Croix potencée ; à l'exergue, CONOB.

(S. 22.) — Tiers de sou.

923. Même pièce, d'un module plus petit. Au revers, dans le champ, C.

(S. 22.) — Tiers de sou d'or. B.

JUSTINIEN II RHINOTMETE
(685-711.)

924. D. IVSTINIANVS SERVVS CHRISTI. Justinien II diadémé et debout, tenant dans la main droite une longue croix potencée sur deux degrés ; à l'exergue, CONOB.

℞ IHS. CHRISTVS REX REGNANTIVM. Buste de Jésus-Christ sur la croix, tenant les Évangiles et donnant sa bénédiction.

(S. 3.) — Sou d'or. T.B.

925. D. N. IVSTINIANO PPI. Buste de face et diadémé de Justinien II, revêtu de la robe à plis et tenant le globe crucigère de la main droite.

℞ VICTORIA AVGVS. COR ? Croix potencée placée sur trois degrés ; dans le champ, Θ ; à l'exergue, CONOB.

(S. 6.) — Sou d'or.

926. Même pièce ; sans lettre dans le champ.

(S. 6.) — Sou d'or. B.

TIBÈRE V, ABSIMARE
(698-705.)

927. D. TIBERIVS PE. AV. Buste de face diadémé de Tibère V, tenant une lance et le bouclier.

℞ VICTRORIA AVSVS. Croix potencée sur quatre degrés ; à l'exergue, CONOB.

(S. 1.) — Sou d'or. B.

JUSTINIEN II, RHINOTMETE ET TIBÈRE IV
(705-711.)

928. D. N. IVSTINIANVS ET TIBERIVS PP. A. Bustes

de face et diadémés des deux augustes tenant ensemble une longue croix potencée reposant sur deux degrés.

℞ D. N. IHS. CHS. REX REGNANTIVM. Buste de face du Christ sur la croix, tenant le livre des Évangiles.

(S. 1.) — Sou d'or. B.

FILÉPICUS BARDANES

(711-713.)

929. D.N. FILEPICVS MVLTVS. AV. Buste de face et diadémé de Filépicus, tenant le globe crucigère dans la main droite, et dans la gauche un sceptre surmonté d'un aigle. L'empereur est vêtu de la robe à carreaux.

℞ VICTORIA AVGVS. Et à l'exergue, CONOB. Croix potencée sur quatre degrés.

(S. 1.) — Sou d'or. B.

ARTÉMIVS, ANASTASE II

(713-716.)

930. D.N. ARTEMIVS ANASTASIVS MVL. Buste de face et diadémé d'Anastase II tenant le volumen et le globe crucigère.

℞ VICTORIA AVGVZ. Et à l'exergue, CONOB. Croix potencée sur trois degrés.

(S. 1.) — Sou d'or. B.

THÉODOSE III

(716.)

931. D. THEODOSIVS... Buste de face et diadémé de Théodose III tenant le globe crucigère et le volumen.

℞ VICTORIA AVG. Croix potencée sur trois degrés ; à l'exergue, CONOB.

(S. 2.) — Sou d'or.

932. Pièce à peu près semblable à la précédente. Dans le champ du revers, une étoile.

(S. 4.) — Sou d'or.

LÉON III L'ISAURIEN

(716-741.)

933. D. LEON PE. AV. Buste de face et diadémé de Léon III, vêtu de la robe à carreaux, tenant le volumen et le globe crucigère.

℞ VICTORIA AVSVZ. A l'exergue, CONOB. Croix potencée sur trois degrés.

(S. 1.) — Sou d'or. B.

934. Même pièce semblable.

(S. 1.) — Sou d'or. T.B.

935. DN. LEO PP. VSVSΓ. Buste de face et diadémé de Léon III tenant le globe crucigère.

℞ VICTORIA AVGVSN. A l'exergue, CONOB. Dans le champ, B. Croix potencée sur quatre degrés.

(S. 9.) — Sou d'or.

936. LEON... ? Buste diadémé et de face de l'empereur tenant le globe crucigère.

℞ Même type qu'au droit.

(Inédit.) — Demi-sou d'or. B.

937. Même pièce.

(Inédite.) — Tiers de sou d'or.

LÉON III ET CONSTANTIN V

938. D. N. LEON P.A. MVL. Buste de face et diadémé de Léon III tenant le volumen dans la main gauche et le globe crucigère dans l'autre main.

℞ D. N. CONSTANTINVS N. Buste de face et diadémé de Constantin V avec le même costume et les mêmes attributs.

(S. 14.) — Sou d'or. T.B.

939. ... Buste de Léon tenant le globe crucigère.

℞ ...STANT. Buste de Constantin V de face, tenant une longue croix potencée.

(S. 23.) — Demi-sou d'or.

LÉON III, CONSTANTIN V COPRONYME ET LÉON IV
(751-775.)

940. D. LEON P. A. MVLΘ. Buste de face et diadémé de Léon III, vêtu de la robe à carreaux et tenant une longue croix potencée dans la main droite.

℞ CONSTANTINOS LEON O HEOS. Bustes de face et diadémés de Constantin V Copronyme et de son fils ; entre les deux têtes, une petite croix.

(S. 1.) — Sou d'or. T.B.

941. Même pièce, sans le Θ à la fin de la légende.

(S. 1.) — Sou d'or. B.

942. Même pièce. Légende illisible, type barbare.

(S. 23.) — Sou d'or. B.

LÉON IV ET SA FAMILLE
(775-780.)

943. LEON PAP. CONSTATINOS PATHP. Bustes de face et diadémés de Léon III aïeul et de Constantin V Copronyme, père de Léon IV, revêtus tous les deux de la robe à carreaux ; entre les deux têtes, une petite croix.

℞ LEON VSSESSOH. CONSTANTINOS O. HEQS. Bustes de face et diadémés de Léon IV et de son fils Constantin VI, en costume impérial ; entre les deux têtes, une petite croix.

(S. 1.) — Sou d'or. T.B.

CONSTANTIN VI, IRÈNE ET SA FAMILLE
(780-797.)

944. CONSTANTINOS CA... Bustes de face et diadémés de

l'empereur et de sa mère. Constantin tient le globe crucigère dans la main droite. Irène, vêtue d'une robe à carreaux, tient une longue croix.

℞ ...? Léon III, Constantin V et Léon IV diadémés et assis de face.

(S. 1.) — Sou d'or. B.

945. CONSTANTINOS BASIΘ. Buste de face et diadémé de Constantin VI tenant le volumen dans la main gauche et le globe crucigère dans l'autre main.

℞ IRINH AΓOVSTI. Buste de face et diadémé d'Irène tenant dans la main droite le globe crucigère et dans la gauche une longue croix.

(S. 3.) — Sou d'or. B.

IRÈNE
(797-802.)

946. EIRINH BASILISSH. Buste de face et diadémé d'Irène, vêtue de la robe à carreaux, tenant le globe crucigère dans la main droite, et dans l'autre une longue croix transversale.

℞ EIRINH BASILISSH Θ. Même buste.

(S. 1.) — Sou d'or troué. B.

NICÉPHORE Ier ET STAURACE
(802-811.)

947. NICIFOROS BASILE. Buste de face et diadémé de Nicéphore tenant le volumen dans la main gauche et une longue croix potencée dans l'autre main.

℞ STAVRACIS DESPO. IΘ. Buste de face et diadémé de Staurace tenant le volumen dans la main gauche et le globe crucigère dans l'autre main.

(S. 4.) — Sou d'or. B.

MICHEL Ier, RHANGABÉ ET THÉOPHYLACTE
(811-813.)

948. MIXAHL BASILEI. Buste diadémé de face de Michel Ier tenant le volumen et une longue croix potencée.

℞ ΘEOFILACTOS DESP. IX. Buste de face et diadémé de Théophylacte, vêtu de la robe à carreaux, tenant le globe crucigère et une longue croix.

(Inédit.) — Sou d'or. Troué. B.

MICHEL II
(821-829.)

949. MIXAHL BASILEI. Buste diadémé de face de Michel II tenant le volumen et une longue croix potencée.

℞ MIXAHL· BASILEV· IE. Buste de face de Michel II tenant une longue croix et le globe crucigère.

(Inédit.) — Sou d'or. B.

MICHEL II ET THÉOPHILE

950. MIXHL· BASILEVS. Buste de face et diadémé de Michel II, vêtu de la robe à plis, tenant le volumen dans la main gauche et une longue croix potencée dans la main droite.

℞ ΘEOFILO· DESPS+E· Buste de face et diadémé de Théophile vêtu de la robe à carreaux, et tenant le globe crucigère dans la main droite et une longue croix dans la main gauche.

(S. 2.) — Sou d'or. T.B.

951. MIXAHL· ? Buste de face diadémé de Michel tenant un globe crucigère.

℞ ΘEOFILOS. Même buste de Théophile.

(S. 4 var.) — Sou d'or épais. B.

THÉOPHILE
(829-842.)

952. ΘEOFILOC. Buste de face et diadémé de Théophile, vêtu de la robe à carreaux et tenant une longue croix potencée.

℞ ΘEOFILOS. Buste de face et diadémé de Théophile tenant le globe crucigère.

(S. 4.) — Sou d'or épais. B.

953. Même pièce, les deux bustes tiennent en globe crucigère.

(S. 8.) — Demi-sou d'or. B.

THÉOPHILE, MICHEL ET CONSTANTIN VIII

954. ΘEOFILOS BASIL. Buste de face et diadémé de Théophile tenant le volumen dans la main g. et la croix grecque dans l'autre main.

℟ MIXAHL·S·CONSTANTIN· Bustes de face et diadémés de Michel et Constantin.

(S. 13.) — Sou d'or. B.

MICHEL III ET THÉODORA
(842-856.)

955. MIXAHL· S· ΘEODORA. Bustes de face et diadémés des deux augustes; entre les têtes, une petite croix.

℟ IHSVS XPISTOS· Buste de face du Christ tenant le livre des Évangiles.

(S. 1.) — Sou d'or. T.B.

MICHEL III, THÉODORA ET THÉCLA
(842-856.)

956. MIXAHL· S· ΘECLA· Bustes de face et diadémés de Michel III et de sa sœur, l'un tient le globe crucigère dans la main dr., et l'autre une longue croix grecque.

℟ ΘEODORA DESPVNA· Buste de face et diadémé de Théodora, tenant dans la main dr. le globe surmonté d'une croix grecque, et une longue croix dans la main gauche.

(S. 2.) — Sou d'or. F.D.C.

BASILE Ier ET CONSTANTIN IX
(869-870.)

957. BASILIOS ET CONSTANS· AVSS· B· Bustes de face et dia-

démés de Basile et de Constantin IX tenant ensemble une longue croix grecque.

℞ IHS. XPS. REX REGNANTIVM. Le Christ nimbé et sur la croix, assis de face, la main droite élevée et tenant les Évangiles.

(S. 5.) — Sou d'or. T.B.

LÉON VI

(886-912.)

958. LEON EN. XW. BASILEVS ROMWN. Buste de face et diadémé de Léon VI, vieux et avec une longue barbe, tenant dans la main dr. le globe surmonté d'une croix grecque.

℞ MARIA. Buste de face de la Vierge voilée et tenant les bras élevés; dans le champ, MR. ΘV.

(S. 1.) — Sou d'or. Troué. T.B.

LÉON VI ET CONSTANTIN X

(911-912.)

959. LEON ET CONSTANT. AVSS. ROM. Les deux augustes diadémés, de face debout, en costume impérial, tenant chacun le globe crucigère et une longue croix grecque.

℞ IHS. XPS. REX REGNANTIVM. Le Christ de face, sur la croix, nimbé et assis sur un siège orné, tenant le livre des Évangiles.

(S. 1.) — Sou d'or. Percé. T.B.

ALEXANDRE

(912-913.)

960. ALEXANDROS AVGVSTOS ROM. Alexandre diadémé debout de face, en costume impérial, tenant le globe crucigère, couronné par saint Alexandre barbu, debout, vêtu d'une espèce de froc, tenant une croix.

℞ IHS· XPS· REX REGNANTIVM. Le Christ assis de face la main élevée et tenant les Évangiles.

(S. 1.) — Sou d'or. F.D.C.

CONSTANTIN X ET ROMAIN Ier

(920-944.)

961. **CONSTANTINOS CE· RωMAN· EN Xω· BAS. R·** Les deux empereurs diadémés de face debout portant chacun le globe crucigère et tenant ensemble une longue croix grecque.

℞ IHS· XPS· REX REGNANTIVM. Le Christ assis de face sur un trône.

(S. 3.) — Sou d'or. B.

ROMAIN ET CHRISTOPHORE

962. **ROMAN· ET XPISTOFO. AVSSI·** Bustes diadémés et de face des deux augustes, tenant entre eux et ensemble une longue croix grecque.

℞ IHS· XPS· REX REGNANTIVM· Le Christ nimbé, assis sur un trône.

(S. 9.) — Sou d'or. T.B.

CONSTANTIN X PORPHYROGÉNÈTE ET ROMAIN II

(948-959.)

963. **CONSTANT· CE· ROMAN· AVGG·** Bustes de face et diadémés des deux augustes, tenant ensemble une longue croix grecque.

℞ IHS· XPS· REX REGNANTIVM. Buste du Christ tenant le livre des Évangiles.

(S. 14.) — Sou d'or. B.

NICEPHORE II FOCAS ET BASILE II

964. **NICHFOR· CE· BASIL· AVG. KP.** Buste de face des deux augustes tenant ensemble une croix grecque.

℞ IHS. XPS. REX REGNANTIVM. Buste de face du Christ tenant les Évangiles.

(S. 1.) — Sou d'or. B.

NICÉPHORE FOCAS

(963-969.)

965. ΘΕΟΘC. bHΘ. NICHF. DESP. Buste nimbé de la Vierge et de Nicéphore, tenant ensemble une longue croix grecque; à dr. et à g. de la Vierge, M. Θ.

℞ IHS. XPS. REX REGNANTIVM. Buste de face du Christ tenant les Évangiles.

(S. 3.) — Sou d'or. T.B.

966. Même pièce.

(S. 3.) — Sou d'or. B.

JEAN Iᵉʳ ZIMISCÈS

(969-976.)

967. ΘΕΟΤΟC. bOHΘ IωHES. Buste de face et diadémé de Zimiscès tenant une longue croix grecque, et couronné par la Vierge au-dessus de laquelle on lit M. Θ; au-dessus de l'empereur, une main céleste.

℞ IHS. XPS. REX REGNANTIVM. Buste de face du Christ tenant les Évangiles.

(S. 1.) — Sou d'or. B.

BASILE II ET CONSTANTIN XI

(976-1025.)

968. BASIL. C. CONSTANTIN. A. Bustes diadémés des deux augustes tenant ensemble une longue croix grecque potencée et ornée.

℞ IHS. XIS. REX REGNANTIVM. Buste de face du Christ tenant les Évangiles.

(S. 2.) — Sou d'or. T.B.

969. Même pièce, seulement la croix n'est pas ornée et elle est terminée par un globe.

(S. 4.) — Sou d'or. B.

CONSTANTIN XI

(1025-1028.)

970. CѠNSTANTIN. BASILEVS ROM· Buste diadémé de face et barbu de Constantin XI, tenant le labarum.

℞ IHS. REX REGNANTIVM· Buste du Christ tenant les Évangiles.

(S. 1.) — Sou d'or.

ROMAIN III ARGYRE

(1028-1034.)

971. Θ· CE· bOhΘ RѠMANO. Romain III debout tenant le volumen et le globe crucigère couronné par la Vierge debout à sa g.; en haut, les initiales M· Θ·

℞ IHS. XIS. REX REGNANTIVM· Le Christ assis de face tenant les Évangiles.

(S. 1.) — Sou d'or large. Percé. B.

CONSTANTIN XII MONOMAQUE

(1042-1055.)

972. CѠNSTANS· BASILEVS RѠ· Buste de face de Constantin XII tenant une croix et le globe crucigère.

℞ IHS· XIS· REX REGNANTIVM· Le Christ assis de face.

(S. 1. var.) — Sou d'or concave. B.

973. Pièce à peu près semblable.

(S. 2.) — Sou d'or concave. B.

974. Même type, l'empereur tient le labarum.

(S. 6.) — Sou d'or. T.B.

975. Même pièce.
(S. 6.) — Sou d'or. B.

THÉODORA
(1055-1056.)

976. ΘΕΟΔΟΡΑ ΑVΓΟVSTA. La Vierge et Théodora debout tenant ensemble le labarum.

℞ IHS. XIS. REX REGNANTIVM. Le Christ debout tenant les Évangiles.

(S. 1.) — Sou d'or concave. Percé. B.

977. ΘΕΟΔΩ. ΑVΓΟV. Buste de face et diadémé de Théodora portant un sceptre et le globe crucigère.

℞ IC. XP. Buste de face du Christ.

(S. 2.) — Sou d'or. T.B.

MICHEL VI LE STRATIOTIQUE
(1056-1057.)

978. ΜΙΧΑΗL. ΑVΤΟCRΑΤ. Michel VI diadémé de face et debout, tenant une longue croix dans sa main dr.

℞ MP. ΘV. Buste de face et nimbé de la Vierge, tendant les mains élevées.

(S. 1.) — Sou d'or. T.B.

ISAAC Ier COMNÈNE
(1057-1059.)

979. ICAAKIOS BACIΛEVC RWMI. L'empereur debout de face tenant une épée.

℞ IHS. XIS. REX REGNANTIVM. Le Christ assis, etc.

(S. 1.) — Sou d'or concave. Percé. B.

980. ICAAKIOS. BACIΛEVS RM. L'empereur debout de face appuyé sur son épée et tenant le globe crucigère.

℟ IHS. XIS. REX REGNATIVM. Buste de face du Christ, etc.
(S. 3.) — Sou d'or. F.D.C.

CONSTANTIN XIII DUCAS

(1059-1067.)

981. KωN. BACA. O. ΔOVKA. L'empereur debout de face couronné par la Vierge. M. Θ.

℟ IHS., etc. Le Christ assis, etc.
(S. 1.) — Sou d'or concave. B.

982. Même lég. L'empereur debout de face tenant le globe crucigère et le labarum.

℟ Le même.
(S. 2.) — Sou d'or concave. B.

983. Kω. BASIΛ. O ΔVK. Buste de face de l'empereur tenant le globe crucigère.

℟ MP. ΘV. Buste nimbé de la Vierge, élevant les deux mains.
(S. 4.) — Sou d'or. T.B.

ROMAIN IV DIOGÈNE ET EUDOXIE

(1067-1070.)

984. RωMAN. EVAKI. Le Christ debout de face couronnant Romain IV et Eudoxie. IC. XC.

℟ KωN. MX. ANA. Les trois fils d'Eudoxie, debout de face.
(S. 4.) — Sou d'or concave. B.

985. Même pièce.
(S. 4.) — Sou d'or concave. B.

986. Même pièce.
(S. 4.) Percée. — Sou d'or concave.

MICHEL VII DUCAS

987. **MIXAHΛ**... Buste de face et barbu de Michel VII tenant le labarum et le globe crucigère.

℞ **IC. XC.** Le Christ nimbé, etc.

(S. 1.) — Sou d'or concave. B.

MICHEL VII ET MARIE

988. **MIXAHL. S. MARIA.** Bustes des deux augustes de face tenant une longue croix très ornée.

℞ **Θ. KEROHΘEI. MP. ΘV.** Buste de face de la Vierge tenant un médaillon avec l'effigie de l'enfant Jésus.

(S. 11.) — Sou d'or. T.B.

ALEXIS Ier COMNÈNE

(1081-1118.)

989. **AΛEZIω ΔECΠOTH Tω KO. KOMNHNω**, l'empereur de face en manteau impérial, etc.

℞ **KEROHΘEI. IC. XP.** Le Christ assis, etc.

(S. 2.) — Sou d'or concave. B.

MANUEL Ier COMNÈNE

(1143-1180.)

990. **MANOVHΛ. ΔECΠO**... L'empereur de face debout tenant le labarum et un globe surmonté d'une croix grecque.

℞ **KEPOHΘEI. IC. XC.** Buste du Christ, etc.

(S. 2.) — Sou d'or concave. B.

991. **MANVHΛ. ΔECΠOTH. Tω ΠOPΦVPOΓENHTω.** Même type.

℞ Le même.

(S. 2.) — Sou d'or concave.

992. MANVHΛ· ΔЄCΠOTH· MP ΘV· La Vierge debout couronnant l'empereur.

℞ O ЄMMA NVKA· Buste de face du Christ.

(S. 6.) — Sou d'or concave. B.

ISAAC II L'ANGE

(1185-1195.)

993. ICHAKIOS· ΔЄCΠ· ...... Saint Michel debout couronnant l'empereur.

℞ MP· ΘV· La Vierge assise de face, etc.

(S. 1.) — Sou d'or concave. B.

ANDRONIC II ET MICHEL IX

(1294-1320.)

994. ANAPONIK· C· MIXAHΛ. Le Christ de face posant ses deux mains sur les têtes d'Andronic et de Michel.

℞ MP· ΘV· Buste de la Vierge entouré des murailles d'une ville.

(S. 13.) — Sou d'or concave.

995. Pièce à peu près semblable.

(S. 14.) — Sou d'or concave.

THÉODORE III ?

996. Légende illisible. Théodore debout de face et saint Demetrius tenant une espèce de labarum.

℞ MP· ΘV· La Vierge assise de face.

(Inédit.) — Sou d'or concave. B.

JEAN L'ANGE COMNÈNE?

(1232-1234.)

997. ΔЄCΠ. MP. ΘV. Buste de face de Jean et de la Vierge tenant une longue croix grecque.

℞ IC. XC. Le Christ assis de face, etc.

(S. 1.) — Sou d'or concave.

MONNAIES D'ARGENT

998. J. PAULA. ℞ La Concorde.

999. ORBIANE. ℞ La Concorde.

1000. MAMÉE. ℞ La Félicité.

1001. BALBIN. ℞ L'empereur debout.

1002. PUPIEN. ℞ Deux mains jointes.

1003. AEMILIEN. ℞ Mars.

1004. MARINIANE. ℞ Paon.

1005. MAXIMIEN HERCULE. ℞ XCVI.

1006. JUSTIN Ier. ℞ GLORIA ROMANORVM. L'empereur debout. (Var. inéd.).

1007. JUSTIN Ier. ℞ Le Chrisme. 2 pièces.

1008. JUSTINIEN Ier. ℞ VOT, etc., dans une couronne autre. Autre ℞ CN. 2 pièces.

1009. MANUEL-PALÉOLOGUE. Son buste de face. ℞ Buste du Christ. (S. pl. LXIII, n° 7.)

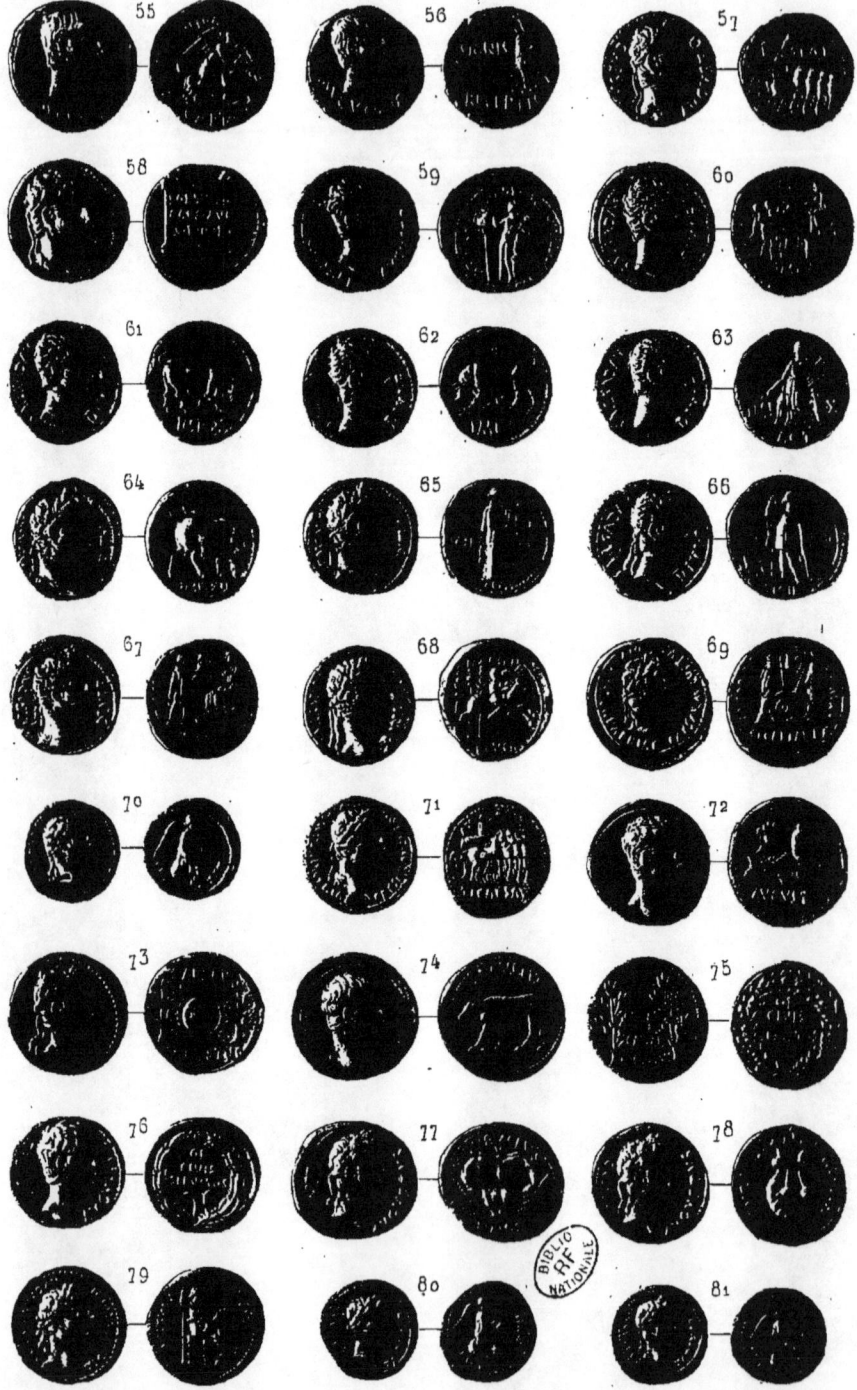

PL. III

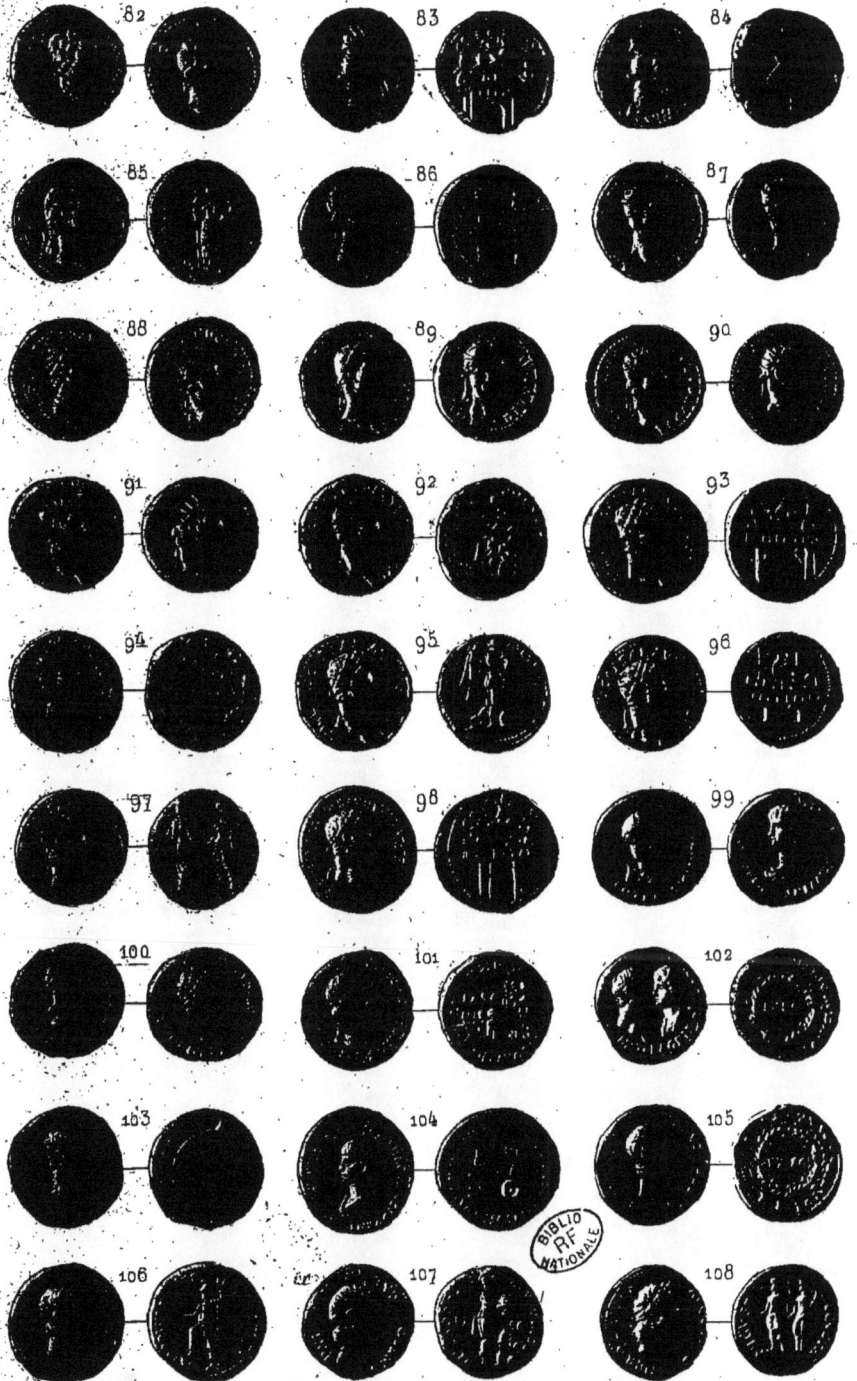

PL.

PL. VII

PL.VIII

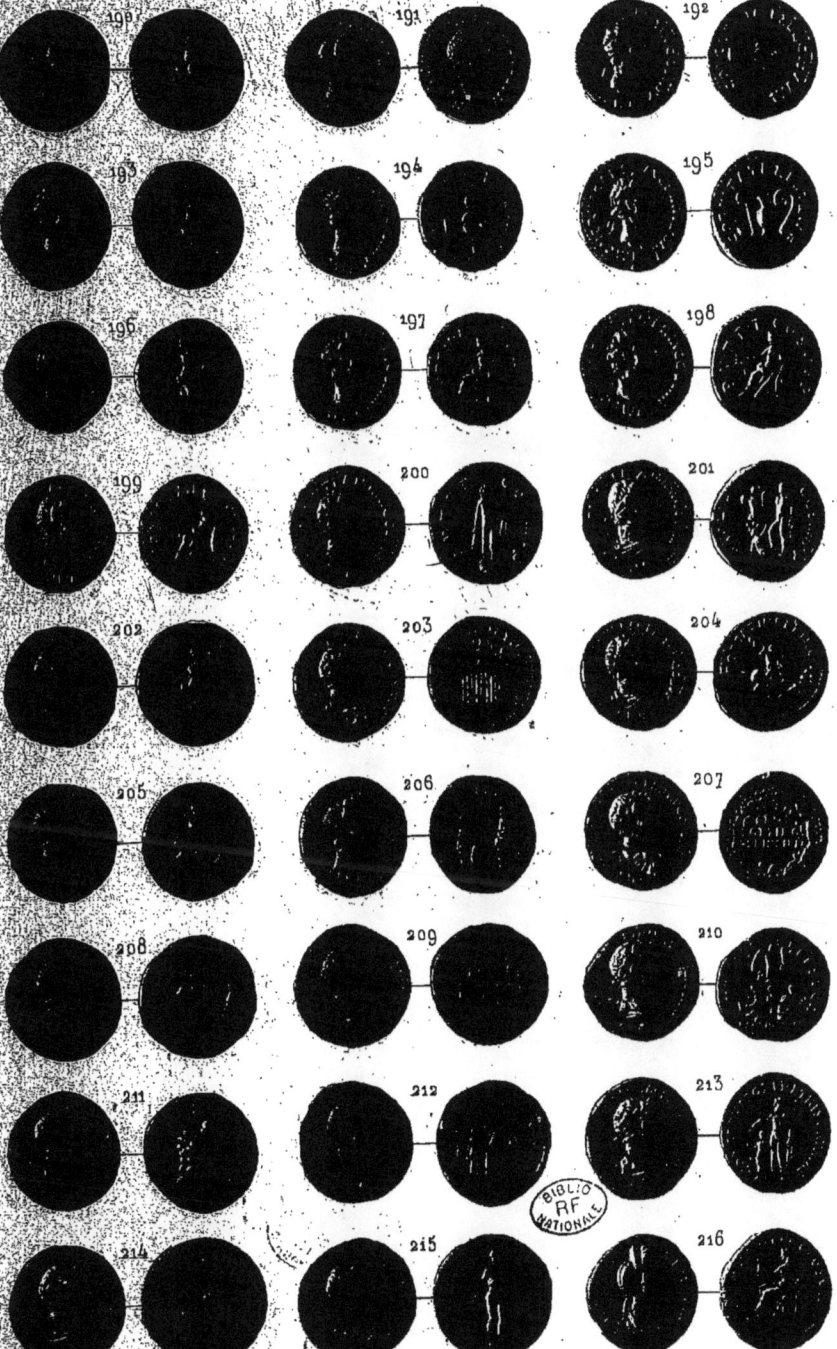

Pl. IX

PL. X

PL. XI

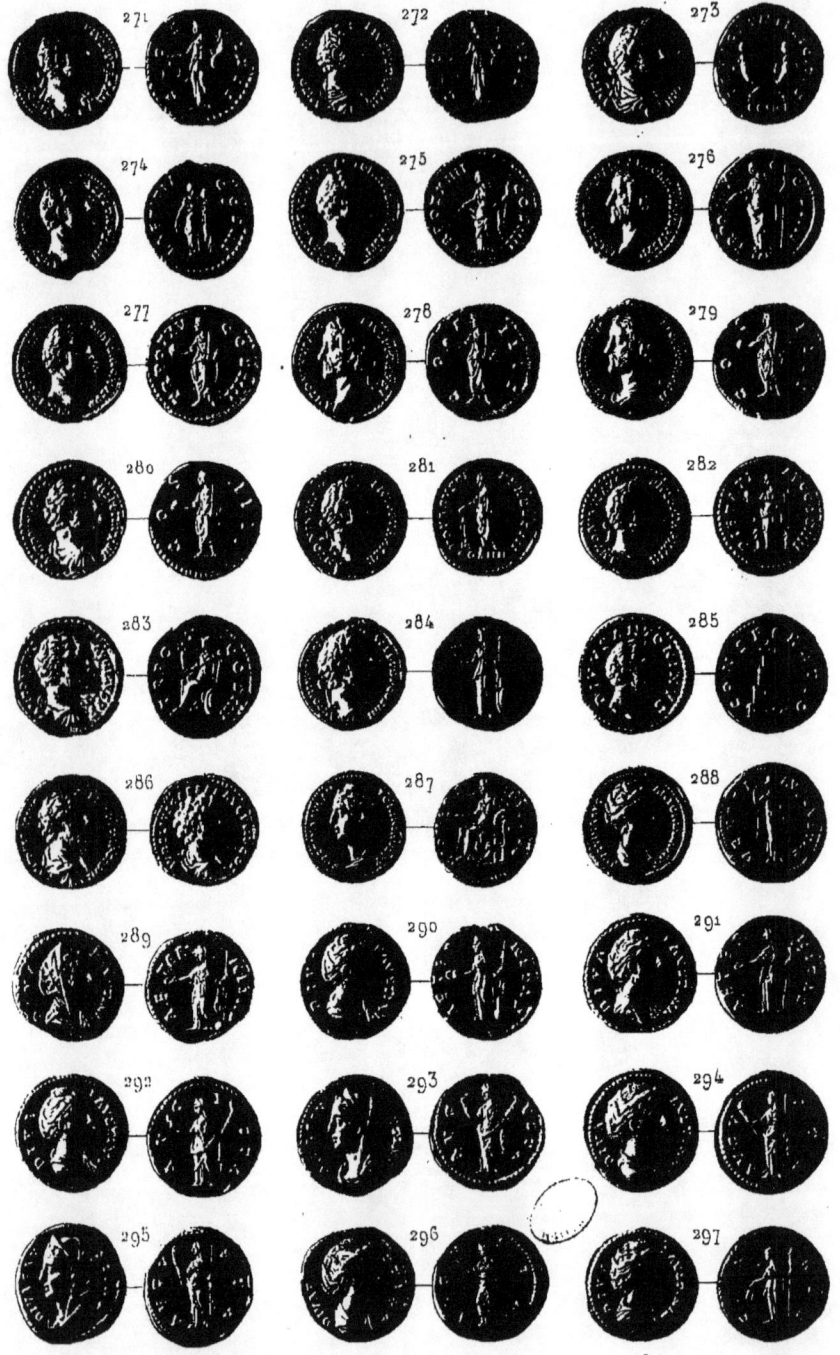

Pl. XII

PL. XIII

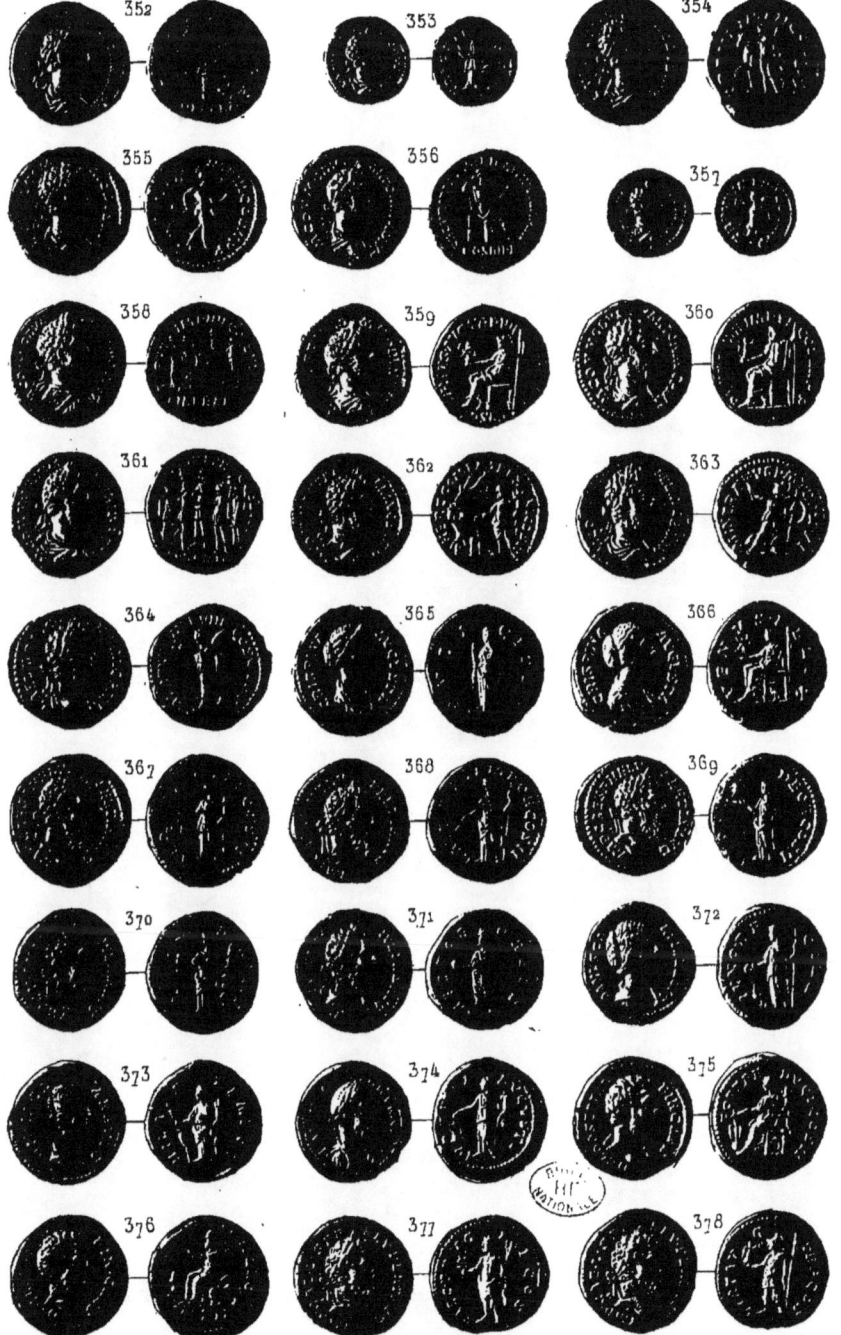

PL. XV

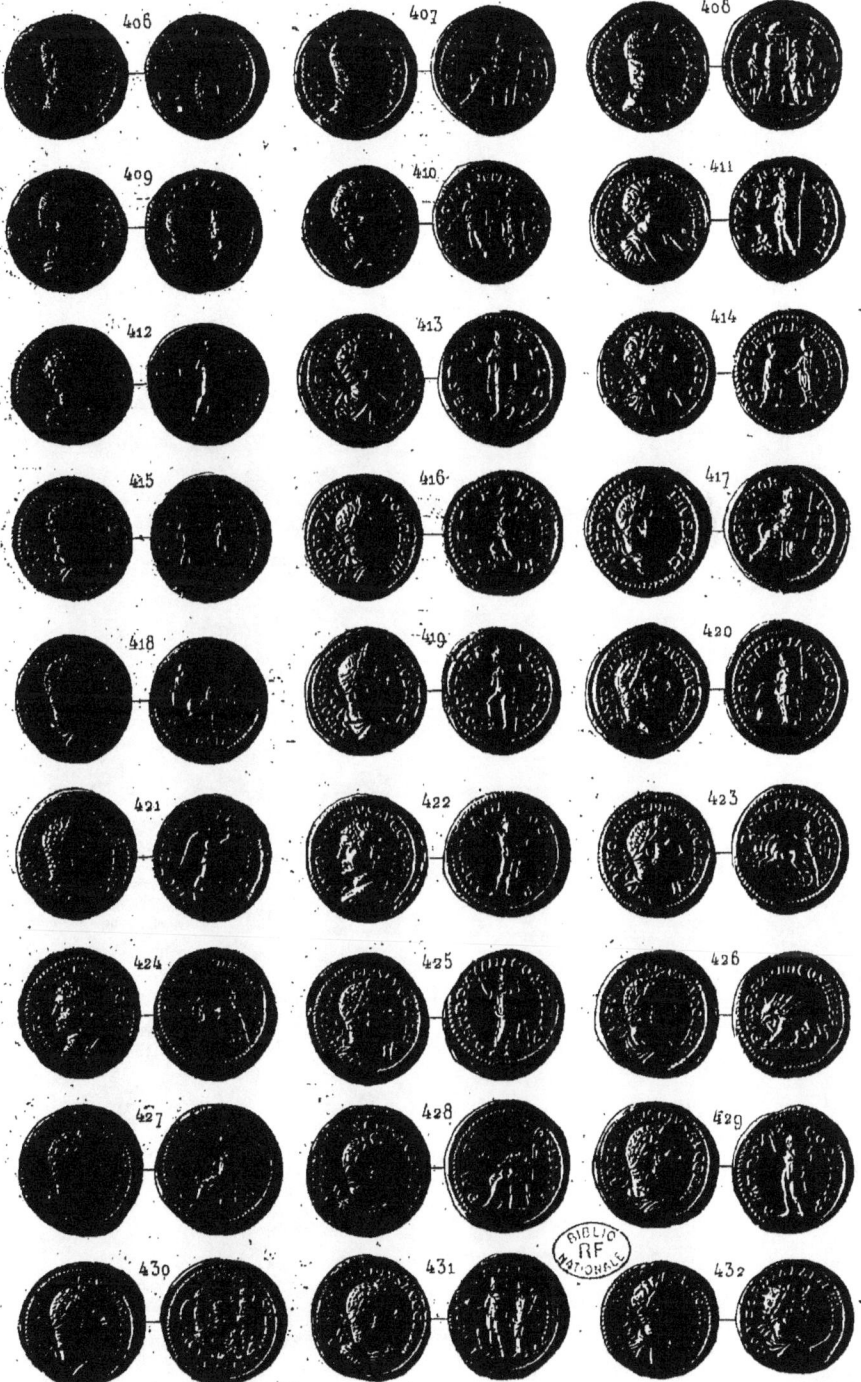

PL. XVI

PL. XVI.

PL. XVIII

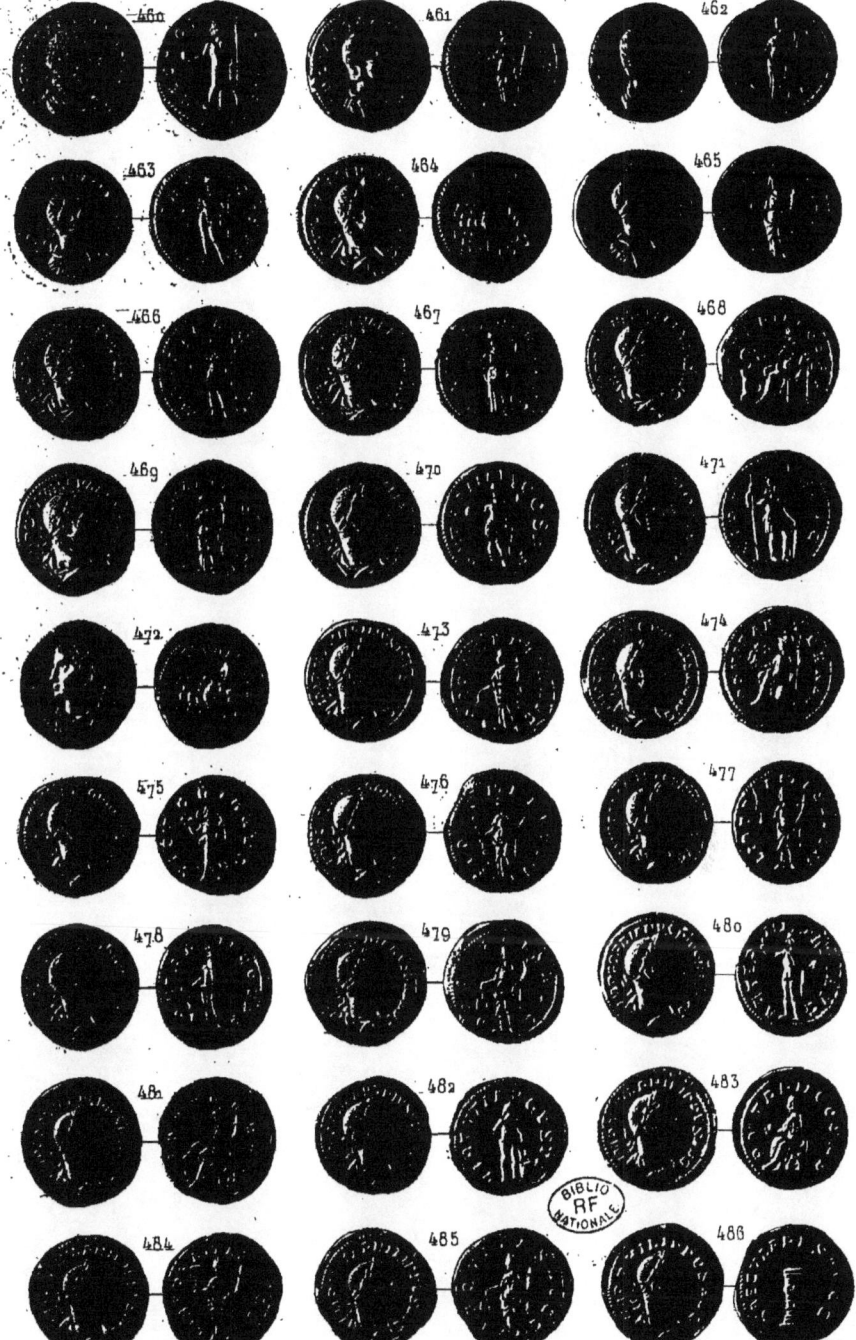

PL. XIX

PL. XXI

PL XXIII

PL. XXV

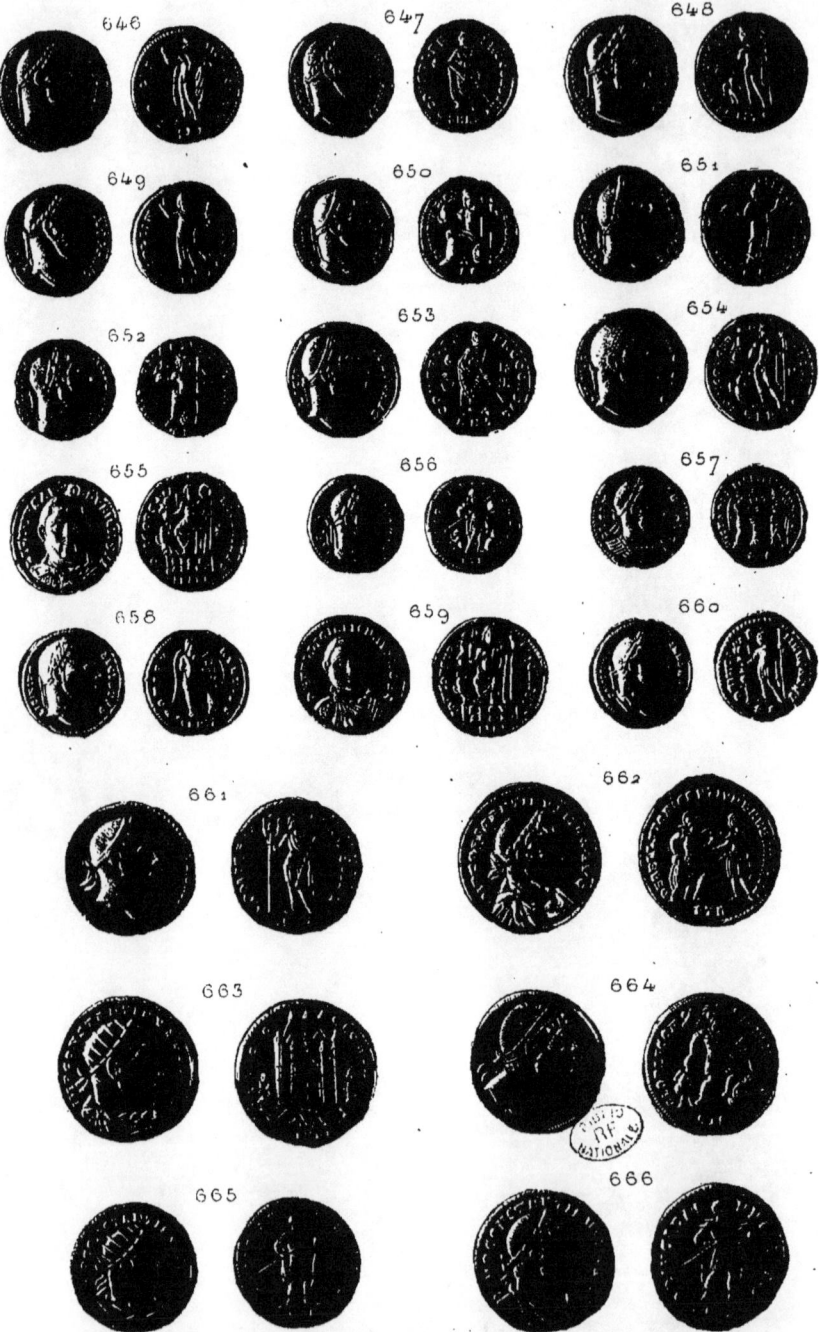

PL. XXVI

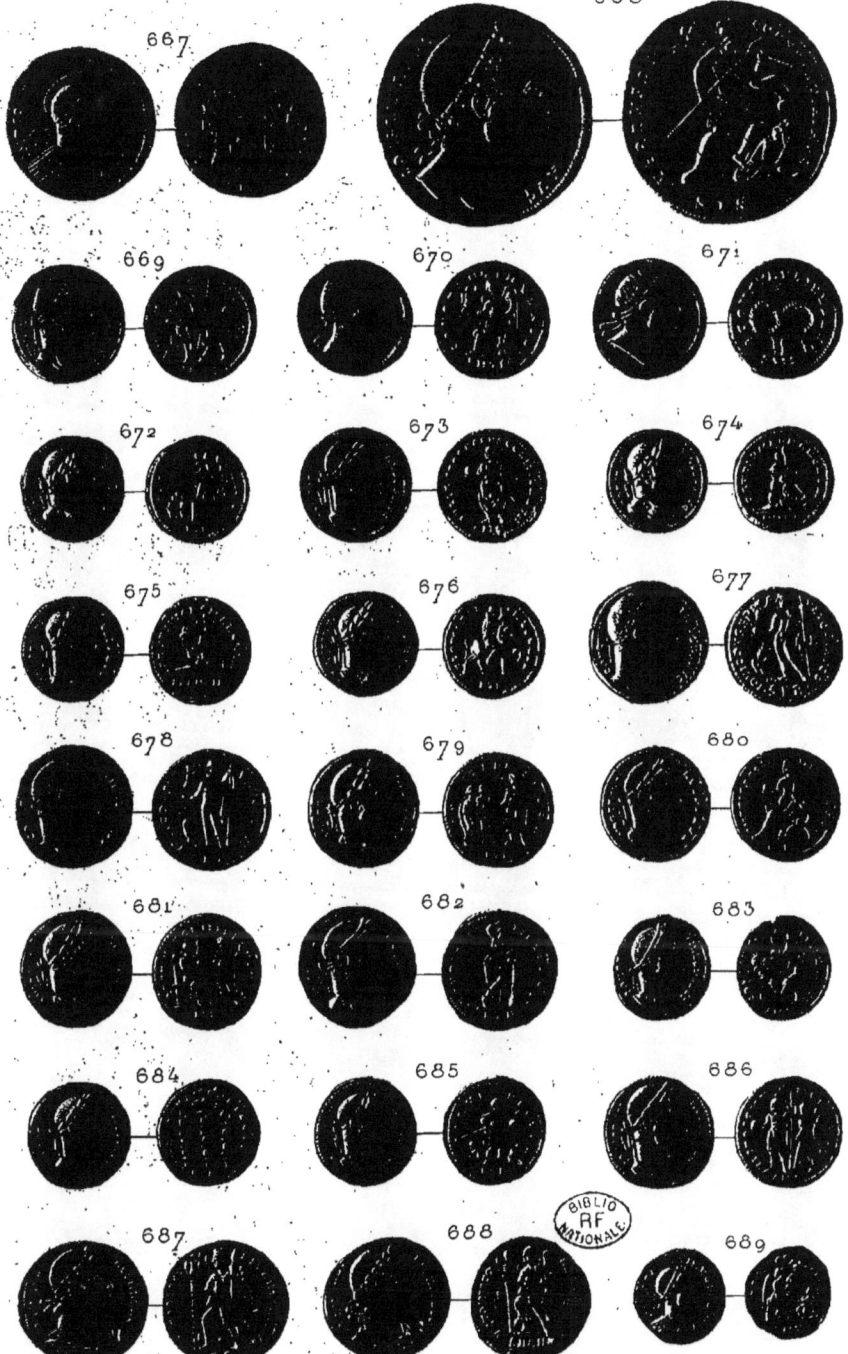

PL. XXVII

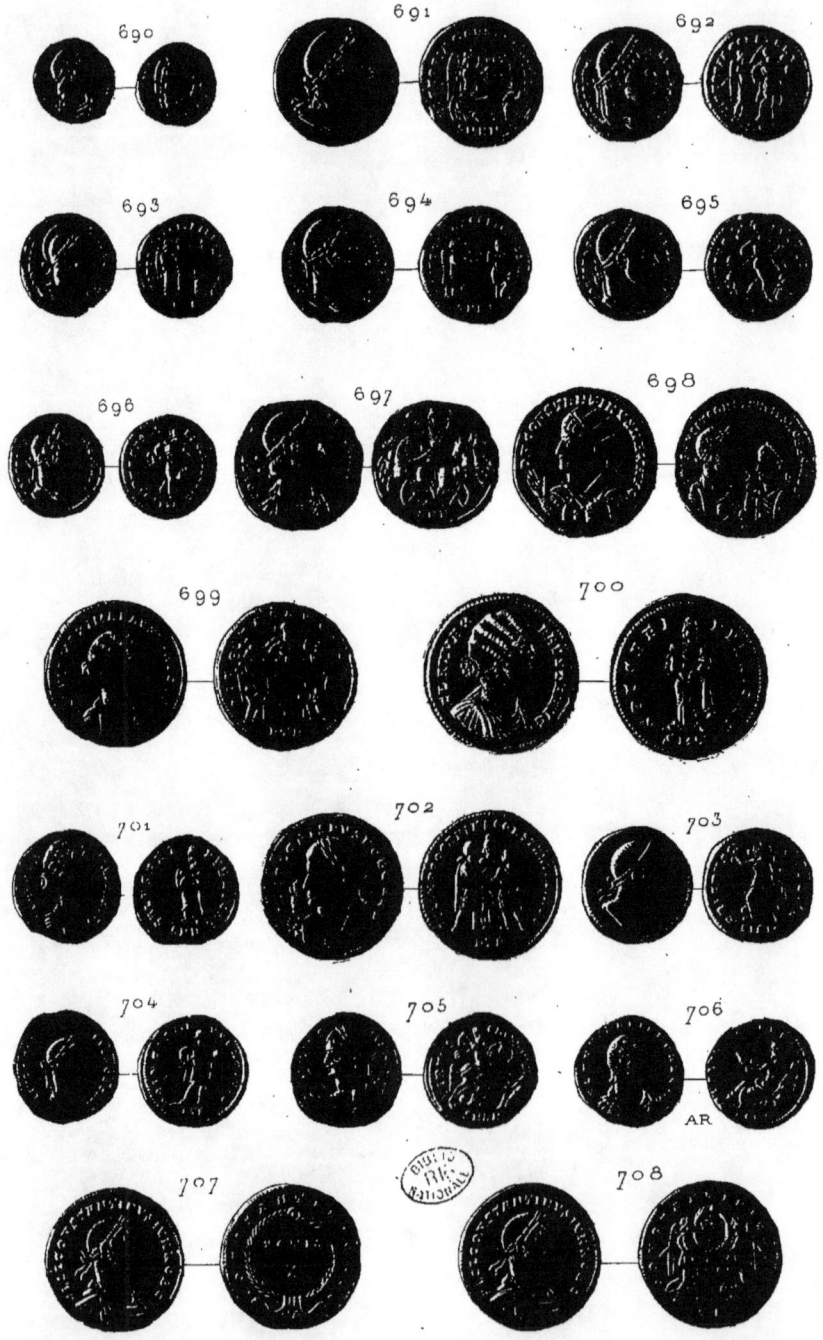

PL. XXVIII

PL. XXVIIII

PL. XXX

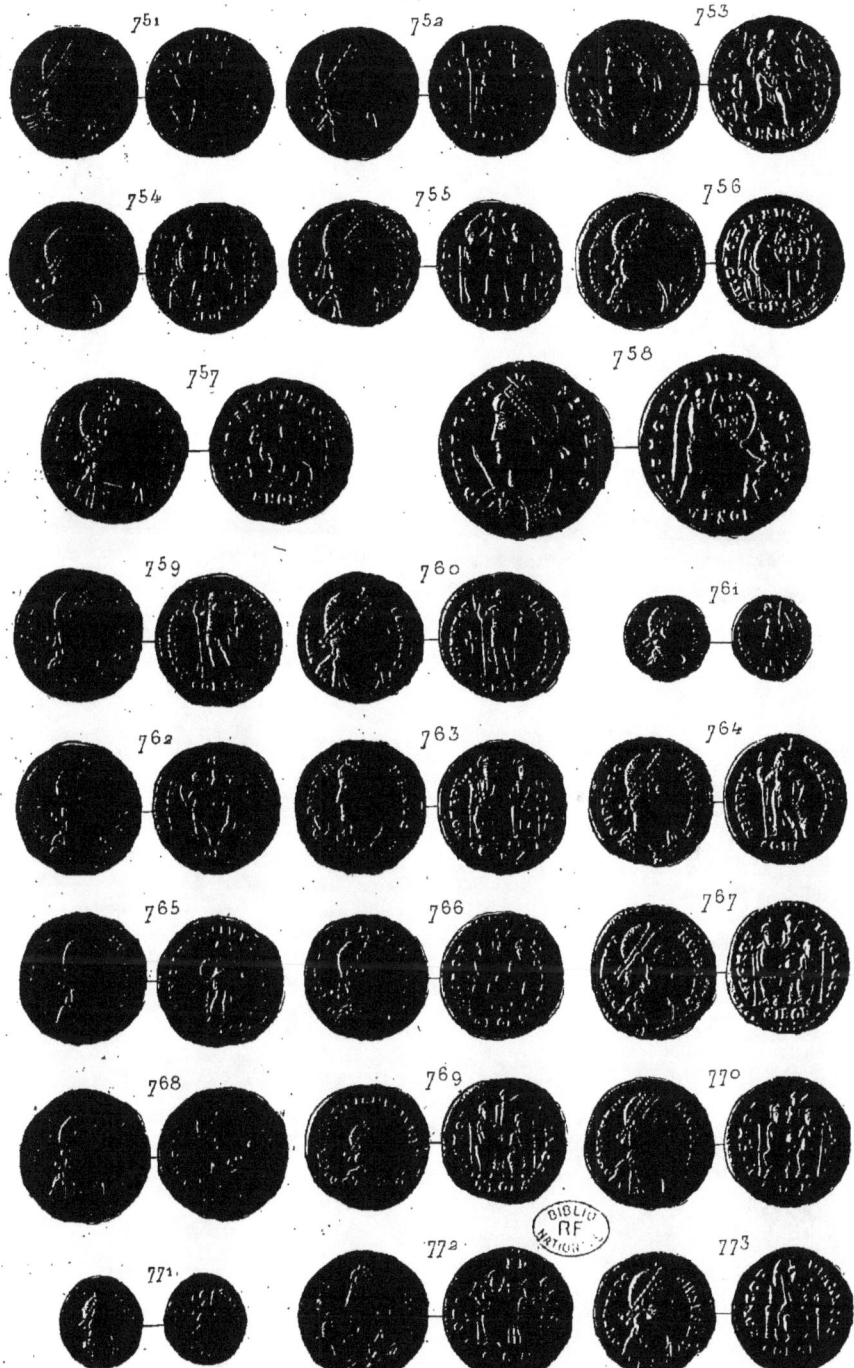

PL.XXXI

PL. XXXII

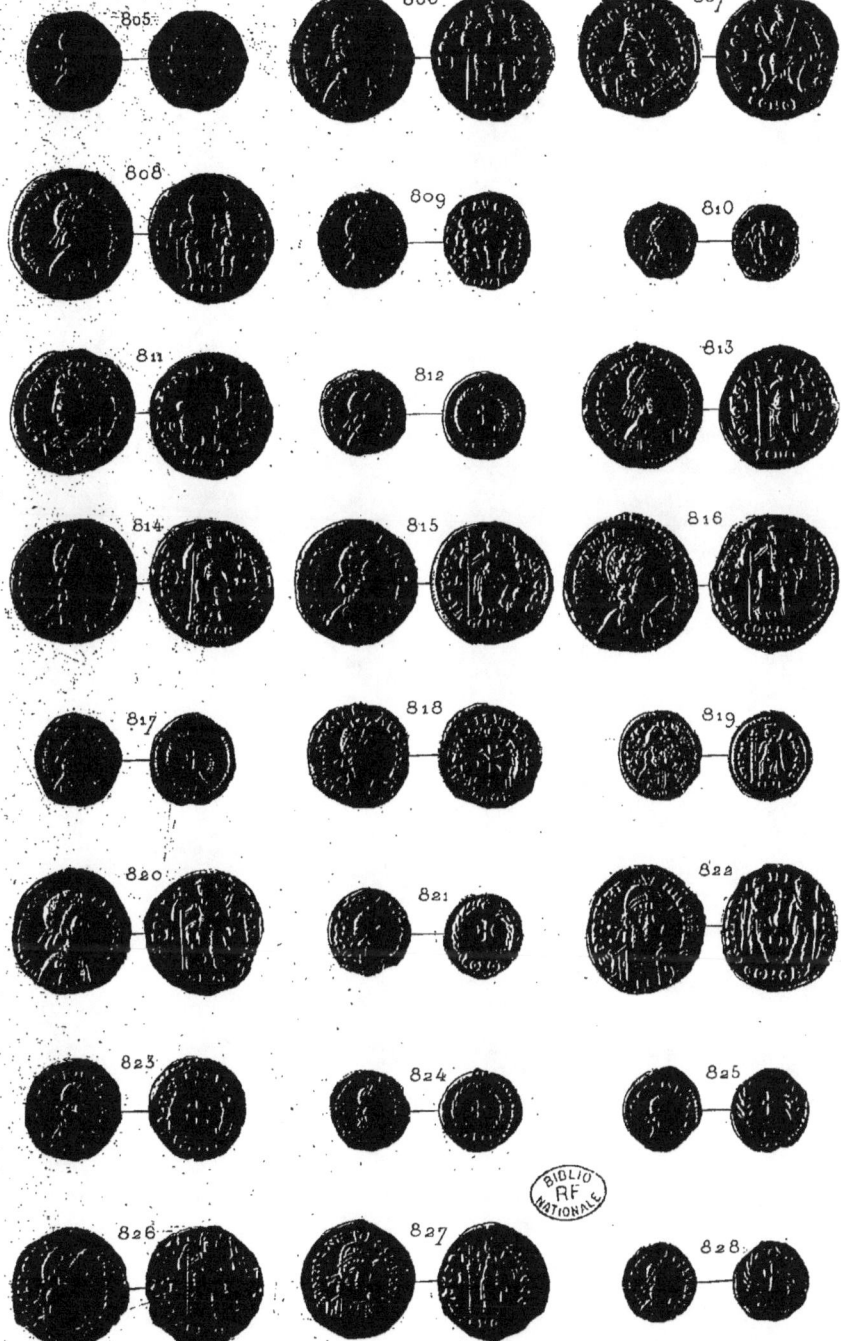

PL. XXXIII

PL.XXXV

PL. XXXV

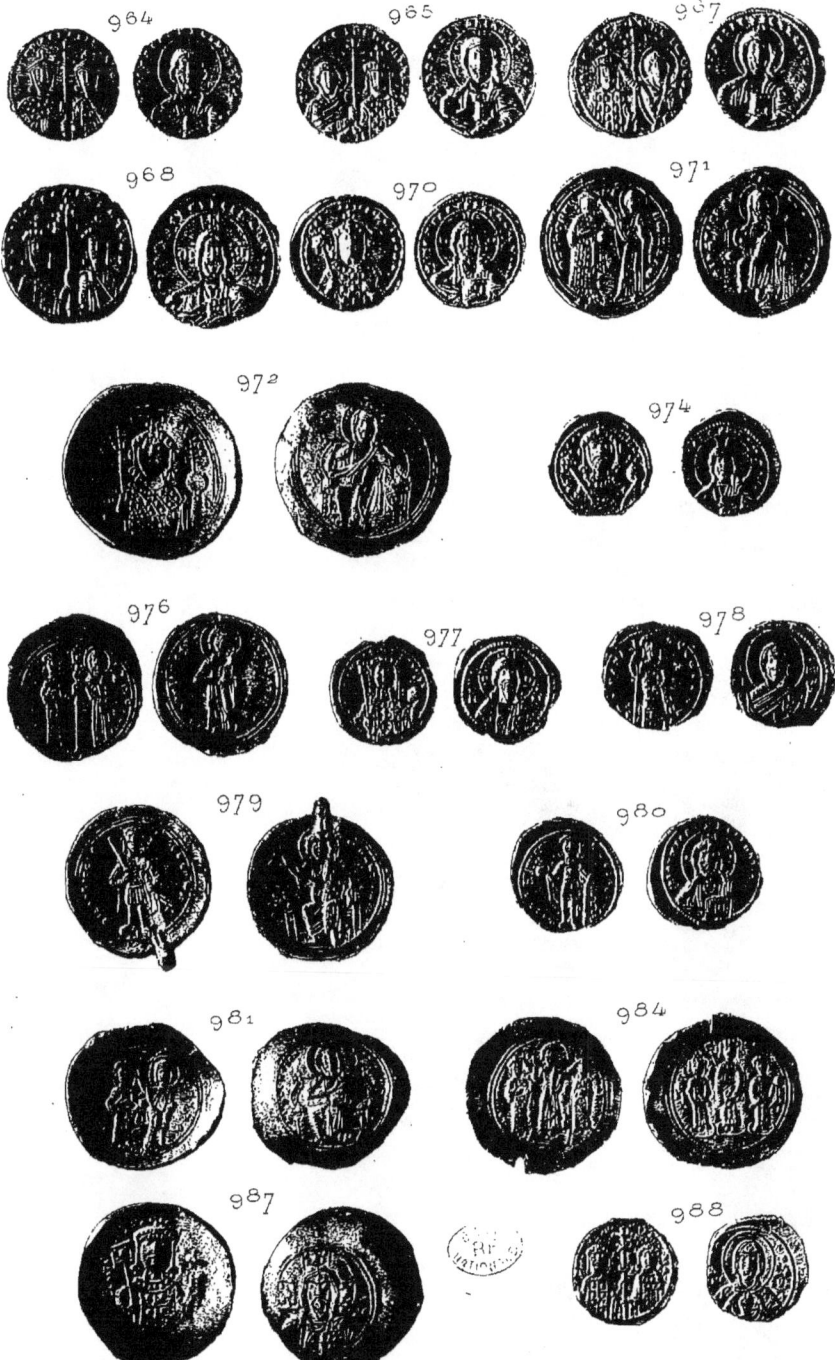

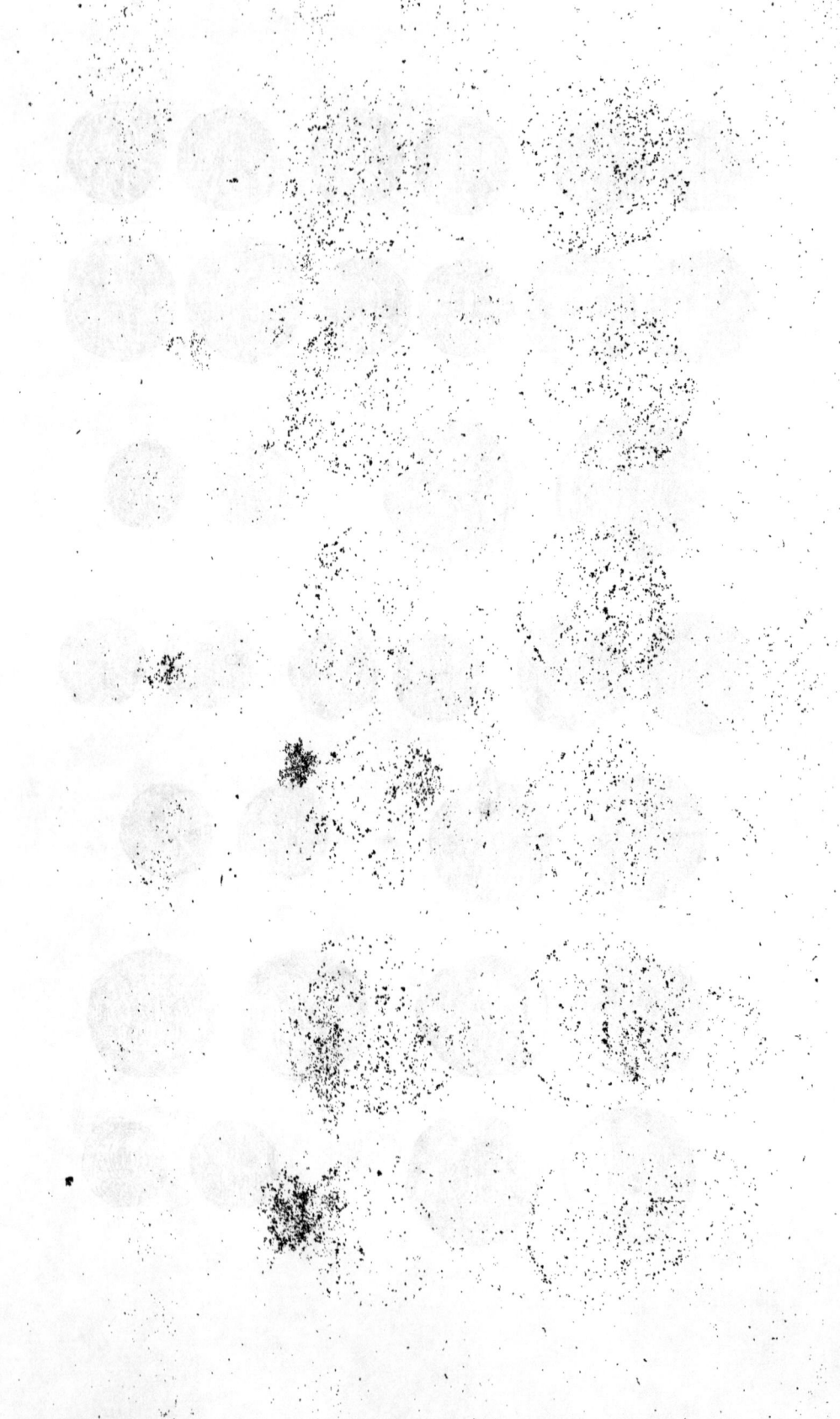

PL. XXXVII

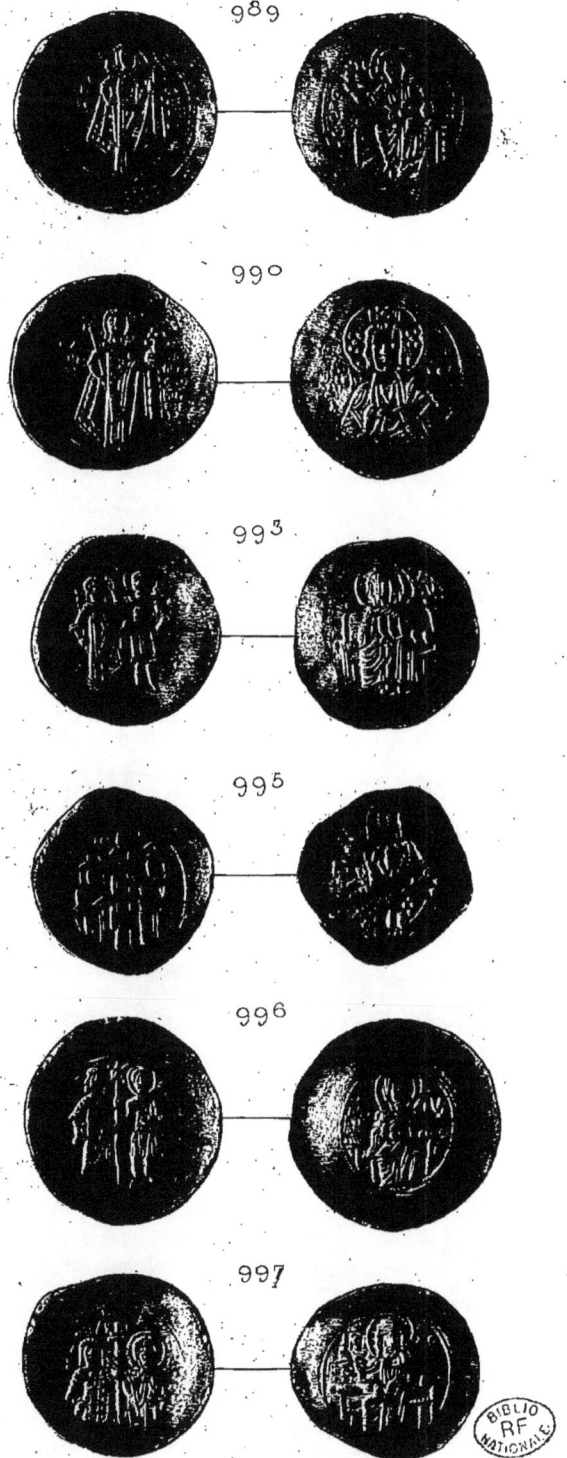

www.ingramcontent.com/pod-product-compliance
Lightning Source LLC
Chambersburg PA
CBHW060124170426
43198CB00010B/1030